**DIE
VERMESSUNG
BERLINS**

1 BUCH
Es fühlte sich manchmal wie mehr an.

1 TEAM
An dieser Stelle ein großes Dankeschön an die Kolleg|innen vom BeBra Verlag

100 % LIEBE
Für eine Stadt, die man kaum in Worte fassen kann — weswegen wir ja auch Zahlen nutzen.

4.000 ZIFFERN
Häufigste Ziffer: Die **0**, die 1.100 Mal auftaucht.

79 THEMENIDEEN
Letztlich haben wir 29 davon verworfen.

163 LITER KAFFEE
JP allein hat 100 Liter getrunken.

363 EXCEL-DATEIEN
Destilliert aus rund 9 Gigabyte Rohdaten-Material

133.000 BUCHSTABEN
Häufigster Buchstabe: Das **e**, das 19.000 Mal vorkommt.

255 EINZELNE GRAFIKEN
Vom kleinen Kuchendiagramm bis zur doppelseitigen Tabelle

DIE VERMESSUNG BERLINS

Hans Christian Müller
Jean-Philippe Ili

50 GRAFIKEN ÜBER DIE HAUPTSTADT

BeBra Verlag

INHALT

GEOGRAFIE & VERKEHR	**6**
KULTUR & NATUR	**30**
DEMOGRAFIE & SOZIALES	**54**
GESCHICHTE & POLITIK	**78**
WIRTSCHAFT & ARBEIT	**102**

VORWORT

Es gibt viele schöne Sprüche über Berlin. Der schönste ist vielleicht der, dass diese Stadt Weltmetropole und Dorf gleichzeitig ist. Wer sich — wie wir es tun — gerne Zahlen anschaut, der merkt, dass da durchaus etwas dran ist. Sollte eine Weltmetropole nicht Wolkenkratzer und Großkonzerne haben? Hat Berlin so gut wie gar nicht. In anderen Kategorien ist man aber durchaus eine globale Größe: in der Kultur natürlich. Und inzwischen auch im Tourismus. Kein Wunder, dass immer mehr Besuch kommt: Jeder Quadratmeter hier erzählt Geschichte.

Dieses Buch ist für uns eine Herzensangelegenheit. Wir haben früher gemeinsam große Infografiken für die Zeitung entworfen und wollten gerne wieder etwas zusammen machen — am besten etwas, was es noch nicht gibt. Deshalb haben wir Berlin neu vermessen. Wir haben in alten Jahrbüchern gewühlt, gerechnet und überschlagen, haben kategorisiert und gruppiert, skizziert und illustriert — und Dinge gezählt, die noch nie ein Mensch gezählt hat. Wir zeigen große Trends und grundsätzliche Proportionen, vergleichen die Stadt mit anderen Städten und die Kieze untereinander.

Und wir liefern euch viele, viele kleine Bonmots. Gerade für die haben wir ein Faible — manchmal so sehr, dass wir uns selbst bremsen mussten. Trotzdem haben viele ihren Weg in dieses Buch gefunden. Vielleicht ist etwas dabei, mit dem ihr bei eurem nächsten Smalltalk glänzen möchtet? Wir würden uns sehr freuen!

Hans Christian Müller und Jean-Philippe Ili
Sommer 2024

GEOGRAFIE & VERKEHR

GEOGRAFIE & VERKEHR

RINGBAHN

STABILER KREISLAUF

Der Nahverkehr ist in kleinen Orten oft sternförmig aufgebaut: Es gibt ein Zentrum in der Mitte und jede Bahn- oder Buslinie fährt dorthin. Größere Städte aber haben verschiedene Zentren oder sind aus mehreren zusammengewachsen. Und sind überhaupt sehr groß. Da liegt es nahe, mit kreisförmigen Linien Abkürzungen zu schaffen. Kein Wunder also, dass viele Kapitalen dieser Welt Ringlinien betreiben. Keine von ihnen aber sieht auf dem Stadtplan so lustig aus wie die Berliner Ringbahn, die geradezu perfekt einen Hundekopf nachzeichnet. Beim Schlossgarten Charlottenburg ist die Nase, bei S Wedding das Auge und am Tempelhofer Feld beginnt der Hals. Insgesamt wirkt der Hund recht aufmerksam. Die Londoner Circle Line dagegen sieht eher aus wie eine schläfrige Möwe. Und seit 2009 hat sie obendrein noch einen Schwanz, weswegen sie gar nicht mehr im Kreis fährt — und weswegen sie als Ringlinie disqualifiziert werden muss. Sorry!

Die Berliner Ringbahn ist damals wie heute ein wichtiges Rückgrat des Nahverkehrs. In Stoßzeiten ziehen hier 24 Züge gleichzeitig ihre Kreise, zwölf so rum und zwölf so rum. Leicht absurd wirken die vielen Namensänderungen entlang der Strecke: 14 der 27 Stationen wurden zwischenzeitlich umbenannt. Manche waren früher einfach nach Stadtteilen benannt und tragen heute Straßennamen, bei anderen ist es umgekehrt.

> Die Berliner Ringbahn ist im Uhrzeigersinn die S41, gegen den Uhrzeigersinn die S42.

RINGBAHNEN ANDERER HAUPTSTÄDTE

Moskau
Bolshaya Koltsevaya/Linie 11
57,7 KM
31 STATIONEN
2023 FERTIGGESTELLT
89 MIN. FÜR 1 UMRUNDUNG

Peking
Linie 10
57,1 KM
45 STATIONEN
2013 FERTIGGESTELLT
104 MIN. FÜR 1 UMRUNDUNG

Seoul
Linie 2
48,8 KM
43 STATIONEN
1984 FERTIGGESTELLT
87 MIN. FÜR 1 UMRUNDUNG

KILOMETER 0
Kurz hinter der Beusselstraße beginnt im Uhrzeigersinn die Kilometrierung.

1:37 UHR
Nachts endet hier an Werktagen die allerletzte Ringbahn.

MAUER
1961 bis 1989

36,9 KM LANG
27 STATIONEN
60 MIN. FÜR 1 UMRUNDUNG
1877 FERTIGGESTELLT
SEIT 1930 VON S-BAHNEN BEFAHREN
SEIT 2006 FÄHRT DIE BAHN WIEDER GANZ IM KREIS
IN STOßZEITEN ALLE 5 MIN.

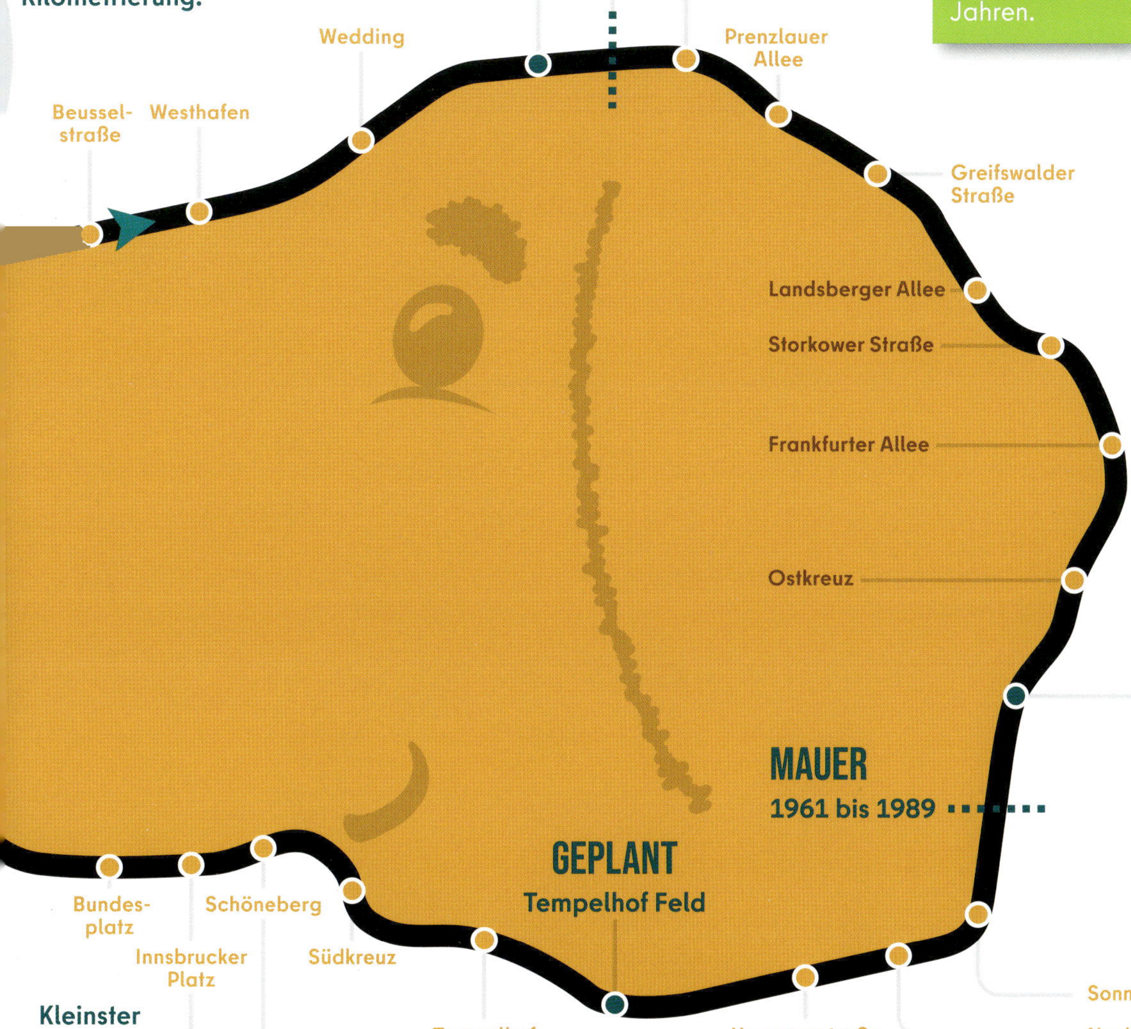

10 Minuten weniger als in den 1930er Jahren.

Beusselstraße · Westhafen · Wedding · Gesundbrunnen · Schönhauser Allee · Prenzlauer Allee · Greifswalder Straße · Landsberger Allee · Storkower Straße · Frankfurter Allee · Ostkreuz · Treptower Park

3:43 UHR
Morgens hält hier an Werktagen die allererste Ringbahn.

MAUER
1961 bis 1989

GEPLANT
Tempelhof Feld

Bundesplatz · Innsbrucker Platz · Schöneberg · Südkreuz · Tempelhof · Hermannstraße · Neukölln · Sonnenallee

Kleinster Abstand zwischen 2 Haltestellen 700 M

⊢ **3.400 M** ⊣ Größter Abstand zwischen 2 Haltestellen

Madrid
MetroSur/Linie 12
*6 KM
STATIONEN
03 FERTIGGESTELLT
MIN. FÜR 1 UMRUNDUNG

Tokio
Yamanote-Linie
34,5 KM
30 STATIONEN
1925 FERTIGGESTELLT
65 MIN. FÜR 1 UMRUNDUNG

Kopenhagen
Cityringen/M3
15,5 KM
17 STATIONEN
2019 FERTIGGESTELLT
24 MIN. FÜR 1 UMRUNDUNG

ZWILLINGE

Es war sicher nicht leicht für unsere Vorfahren, sich neue und einzigartige Ortsnamen auszudenken, als sie neue Siedlungen gründeten. Aber dass so viele Berliner Ortsteile Namen tragen, die es ganz in der Nähe noch einmal gibt, wirkt doch etwas unkreativ. Zwischen Heinersdorf (dem Ortsteil von Berlin-Pankow) und Heinersdorf (dem Ortsteil von Großbeeren) liegen gerade einmal 23 Kilometer Luftlinie. Von Blankenfelde nach Blankenfelde sind es 31 Kilometer, von Britz nach Britz 55 Kilometer.

Ein Blick auf die Karte der Ortsnamen-Zwillinge zeigt: Vor allem im Nordosten Brandenburgs, in der Uckermark, findet man viele Berliner Kieze wieder. Besonders kurios ist die Stadt Angermünde, zu der auch drei Dörfer mit den altbekannten Namen Wilmersdorf, Schmargendorf und Friedrichsfelde gehören. Nicht weit davon entfernt, in der Prignitz, liegt die Gemeinde Groß Pankow. Groß ist sie aber nur mit Blick auf die Fläche, die zweieinhalb mal so groß ist wie die des Berliner Bezirks Pankow. Die Bevölkerungszahl dagegen ist mehr als hundertmal kleiner.

Einen wirklich lustigen Namen trug früher die heute polnische Stadt Barlinek in Westpommern. Sie hieß: Berlinchen.

WEITERE ZWILLINGE

Sachsen-Anhalt
- Buch (in Tangermünde)
- Gesundbrunnen (in Halle)
- Haselhorst (in Diesdorf)
- Schönhausen
- Köpnick (in Lutherstadt Wittenberg)
- Lübars (in Möckern)
- Rahnsdorf (in Zahna-Elster)
- Wartenberg (in Bismark)

Mecklenburg-Vorpommern
- Friedrichshagen (in Greifswald)
- Hansaviertel (in Rostock)
- Karow (in Plau am See)
- Kladow (in Crivitz)
- Mariendorf (in Mönchgut)
- Marienfelde (in Strasburg)
- Kölln (in Werder)
- Rudow (in Neustrelitz)

Niedersachsen
- Tempelhof (in Schladen-Werla)
- Friedenau (in Hannover)
- Dahlem (in Dahlenburg)

Sachsen
- Frohnau (in Annaberg-Buchholz)
- Grünau (in Leipzig)

Thüringen
- Kaulsdorf
- Weißensee

Nordrhein-Westfalen
- Kreuzberg (in Wipperfürth)
- Johannisthal (in Hemer)

Hessen
- Westend (in Frankfurt)

Baden-Württemberg
- Tiergarten (in Oberkirch)

Polen (ehemaliges Pommern, Schlesien oder Ostpreußen)
- Treptow (heute Trzebiatów)
- Heiligensee (in Osiecznica; heute Poświętne)
- Karlshorst (in Mikołajki; heute Pszczółki)
- Lankwitz (in Wiklino; heute Łękwica)
- Rummelsburg (heute Miastko)

Rumänien (ehemaliger Teil Österreich-Ungarns)
- Charlottenburg (in Bogda, heute Șarlota)

In Sachsen gibt es immerhin ein altes Rittergut mit dem Namen.

NUR IN DER HAUPTSTADT

ADLERSHOF | BAUMSCHULENWEG | BOHNSDORF | BORSIGWALDE | FALKENHAGENER FELD | FENNPFUHL | GROPIUSSTADT | HAKENFELDE | HALENSEE | HELLERSDORF | KONRADSHÖHE | LICHTENRADE | MÄRKISCHES VIERTEL | MOABIT | MÜGGELHEIM | NIKOLASSEE | PLÄNTERWALD | PRENZLAUER BERG | REINICKENDORF | SCHLACHTENSEE | SCHMÖCKWITZ | SIEMENSSTADT | SPANDAU | STAAKEN | TEGEL | WAIDMANNSLUST | WANNSEE | WEDDING | WILHELMSRUH | WILHELMSTADT | WITTENAU

In Ostpreußen gab es ein Dorf mit diesem Namen, das heute nicht mehr existiert.

In Magdeburg gab es einen Stadtteil mit diesem Namen, der heute Stadtfeld heißt.

In Oberschlesien hieß ein Ort kurzzeitig so. Vorher hieß er Uschütz, heute Uszyce.

DIE SPREE

MAGERES FLÜSSCHEN

New York hat den Hudson River, Wien die Donau, Kairo den Nil. Und Berlin? Die kleine Spree. Nicht gerade repräsentativ für eine Weltstadt! In der Innenstadt ist der Trog der Spree gerade einmal 50 Meter breit. Die Menge an Wasser, die hier in einer ganzen Stunde vorbeimäandert, schiebt der Rhein in weniger als einer Minute durch Köln. Und manchmal fließt die Spree sogar rückwärts — nicht so häufig, wie oft behauptet wird, aber in trockenen Zeiten kommt das durchaus vor.

Trotz ihrer mickrigen Größe ist sie eine unverzichtbare Lebensader für Berlin. Zum einen schafft sie Trinkwasser herbei: Rund die Hälfte der Haushalte bekommt Uferfiltrat der Spree in die Rohre gespült. Zum anderen ist sie — gemeinsam mit den vielen Kanälen — ein wichtiger Verkehrsweg: Ihren enormen Hunger nach Braun- und Steinkohle hätte die Stadt ohne die Binnenschifffahrt niemals stillen können. Dass man von diesem Energieträger nach und nach wegkommt, spüren auch die Berliner Häfen. Die Menge an umgeschlagenen Gütern ist zuletzt enorm gesunken.

Dafür wächst die Bedeutung für die Freizeit: Im Sommer meint man, von Schiff zu Schiff springen zu können, so sehr stauen sich hier die Sportboote und Ausflugsdampfer auf dem Fluss.

BREITE DER FLÜSSE

Fluss	Stadt	Breite
Elbe	in Hamburg	500 m
Rhein	in Köln	350 m
Main	in Frankfurt am Main	150 m
Weser	in Bremen	150 m
Elbe	in Dresden	100 m
Neckar	in Stuttgart	75 m
Isar	in München	60 m
Ruhr	in Essen	60 m
Spree	in Berlin	50 m
Pleiße	in Leipzig	15 m
Emscher	in Dortmund	5 m

Spree und Havel entstanden am Ende der letzten Eiszeit.

BERLINS WASSERSTRAßEN

		Entstanden	Länge*
Flüsse	Spree	~ 16.000 v. Chr.	45 km
	Havel	~ 16.000 v. Chr.	27 km
Kanäle	Teltowkanal	1906	29 km
	Landwehrkanal	1850	12 km
	Berlin-Spandauer-/Hohenzollernkanal	1859	12 km
	Neuköllner Schifffahrtskanal	1903	4 km
	Griebnitzkanal	1906	4 km
	Britzer Verbindungskanal	1906	4 km
	Westhafenkanal	1956	3 km
	Charlottenburger Verbindungskanal	1875	2 km

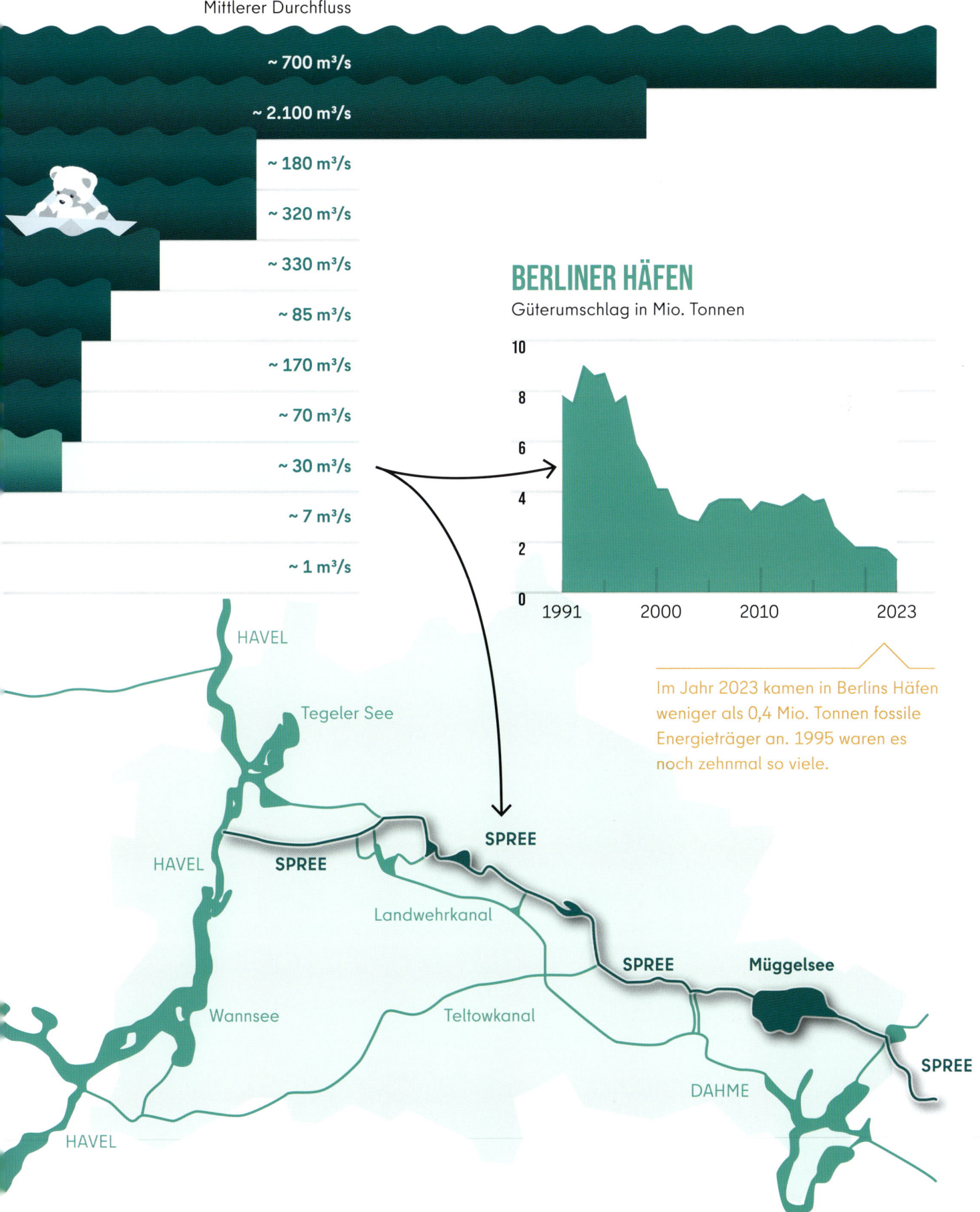

VERWORFENE PLÄNE

NICHT GEBAUTE BAUTEN

1814
DER GOTISCHE BEFREIUNGS-DOM
> 100 METER LANG
> 130 METER HOCH*

Nach den Befreiungskriegen gegen Napoleon plant Stararchitekt Karl Friedrich Schinkel einen gotischen Dom für den Leipziger Platz. Weil das Königshaus zwar stolz, aber pleite ist, wird nur eine Turmspitze realisiert — und in den Viktoriapark gestellt.

*... und damit höher als der Berliner Dom, der ein Jahrhundert später entsteht.

1906
DIE SCHWEBEBAHN GESUNDBRUNNEN—NEUKÖLLN
10 KM LANG, 8 M ÜBER DEM BODEN
50 PERSONEN PRO GONDEL

Eine Schwebebahn nach Wuppertaler Vorbild soll Berlin eine neue Nord-Süd-Verbindung bringen. Doch mehr als eine 40 Meter lange Teststrecke an der Brunnenstraße wird nicht gebaut, stattdessen entsteht eine normale U-Bahn, die heutige U8.

1946
DER KOLLEKTIVPLAN
GLEICHFÖRMIGE WOHNBLÖCKE FÜR JE 5.000 MENSCHEN

Ein Planungskollektiv entwirft ein ganz neues Berlin — gerastert von Schnellstraßen, mit Arbeitsstätten entlang der Spree und schmalen Wohnriegeln im Norden und Süden. Weil man auch das unterirdische Kanalnetz hätte ändern müssen, wird alles verworfen.

1965
DAS AUTOBAHNKREUZ KREUZBERG
SCHNITTPUNKT DER NEUEN AUTOBAHNEN SCHÖNEBERG—TREPTOW UND FRIEDRICHSHAIN—BRITZ

Für den Oranienplatz, wo man heute flaniert und feiert, sieht der Flächennutzungsplan von 1965 ein Autobahnkreuz vor. Auch anderswo in West-Berlin sollen Schneisen geschlagen werden, mitten durch die Kieze. Die meisten Ideen werden wegprotestiert.

GEOGRAFIE & VERKEHR

Wer sich in Berlin mit Architektur und Stadtplanung beschäftigt, der denkt naturgemäß an das, was da ist. Und vielleicht noch an das, was früher einmal da war. Auf jeden Fall geht es um Projekte, die tatsächlich realisiert wurden. Die ungebauten Bauten dieser Stadt bleiben meist im Dunkeln — all jene Pläne, Ideen und Entwürfe, die einst diskutiert, aber nicht umgesetzt wurden. Darunter sind viele avantgardistische Architektur-Vorschläge, die ihrer Zeit voraus waren und die der Stadt viel Prestige hätten bringen können.

Gar nicht schade ist es dagegen um die vielen absurden Ideen, ganze Teile der Stadt einfach wegzurasieren. Es ist auffällig, wie offen man früher dafür war: In der Weimarer Republik sollte eine neue Altstadt her, im West-Berlin der 1960er Jahre wurden Autobahnen kreuz und quer durch die Kieze geplant. Die Nationalsozialisten hatten ihr größenwahnsinniges Germania-Projekt sogar schon begonnen, kamen aber nicht weit.
Auch wenn es heute — gefühlt — überall in der Stadt lärmige Baustellen gibt, muss man sagen: Inzwischen wird Berlin behutsamer verändert.

1921
DAS GLAS-HOCHHAUS AN DER FRIEDRICHSTRAßE

20 STOCKWERKE
80 M HOCH

Mit einem komplett verglasten, dreieckigen Stahlskelett-Hochhaus bewirbt sich Ludwig Mies van der Rohe bei einem Wettbewerb für das neue Bahnhofsumfeld. Es wäre der architektonische Abschied vom Kaiserreich gewesen, bleibt aber eine Idee.

1993
DAS GLASDACH FÜR DEN REICHSTAG

50 M HOCH
>200 M LANG

Bei einem Wettbewerb zur Umgestaltung des Reichstagsgebäudes, in das der Bundestag einziehen soll, schlägt Norman Foster einen riesigen Baldachin aus Glas vor. Er bekommt den Auftrag, muss aber umplanen. Die heutige Kuppel setzt er widerwillig um.

1937
DIE RUHMESHALLE IN GERMANIA

RUND 300 M HOCH, BREIT UND TIEF
PLATZ FÜR >150.000 MENSCHEN

Für die neue Hauptstadt „Germania" plant Baumeister Albert Speer eine gigantomanische Halle. Sie wäre das zentrale Element einer neuen Prachtachse von Moabit nach Tempelhof. Doch Hitler will erst einmal Krieg führen, zu Ende gebaut wird daher nichts.

1974
BANDSTADT GRUNEWALD

FAST 10 KM LANGES STADTVIERTEL LÄNGS ÜBER DER AVUS-AUTOBAHN; 30 M HOCH, 100 M BREIT

Die Avus beschert dem Grunewald einen penetranten Lärmteppich. Warum also nicht die ganze Autobahn überbauen, mit terrassenförmigen Wohnhäusern? Realisiert wird das nicht. Doch in Wilmersdorf entsteht tatsächlich ein Wohnblock über der Autobahn.

FLÄCHENNUTZUNG

ERSTAUNLICH VIEL NATUR

WORAUS BERLIN BESTEHT
Aufteilung der Fläche

Es gibt fast nichts, was es nicht gibt in Berlin. Das zeigt auch die Statistik der Bodennutzung. Sicher, in der Spalte „Küste" steht natürlich eine Null. Dafür gibt es aber Weinanbau, auf immerhin einigen Hundert Quadratmetern. Und auch die Heide blüht hier, auf insgesamt vier Hektar. Sümpfe hat die Hauptstadt ebenfalls — und das nicht zu knapp: 54 Hektar sind es, fast jeder Bezirk hat welche. Dazu kommen noch einmal 45 Hektar Moore.

Überhaupt gibt es — verhältnismäßig — viel Natur. In keiner anderen der zehn größten Städte Deutschlands ist ein so großer Anteil der Fläche mit Wäldern, Parks und anderen Grünanlagen bedeckt. Wobei es bei dieser Kategorie natürlich immer darauf ankommt, wo man dereinst die Stadtgrenzen gezogen hat. Die großen Forste in Grunewald, Tegel und Spandau hätten ja nicht zwangsläufig der Stadt Berlin zugeschlagen werden müssen.

So vielfältig die Natur, so vielfältig die Bebauung: In den Hochhaussiedlungen hat man zwar enorm nach oben gebaut, aber nicht sehr eng: Hier kommen auf einen Quadratmeter bebaute Fläche fast vier weitere unversiegelte. Ganz anders bei der klassischen fünfgeschossigen Blockbebauung in der Innenstadt: Hier ist das Verhältnis nicht einmal eins zu eins.

Übrigens: Würde man alle Berliner Kirchenbauten und -grundstücke nebeneinander kleben, hätte man eine Fläche von einem Quadratkilometer gefüllt.

DIE KLEINSTEN UND GRÖSSTEN BEZIRKE
Anteil an der Bodenfläche

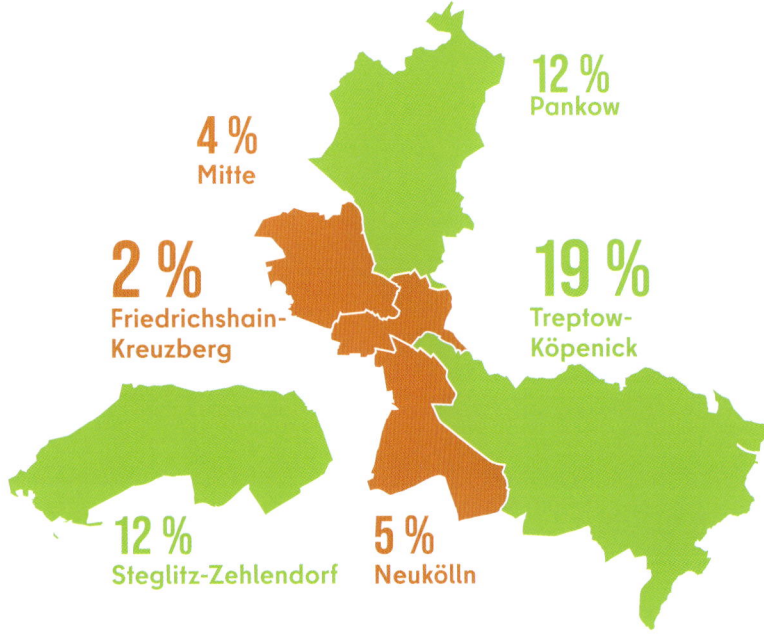

WO DER REGEN VERSICKERN KANN
Anteil an der Bodenfläche

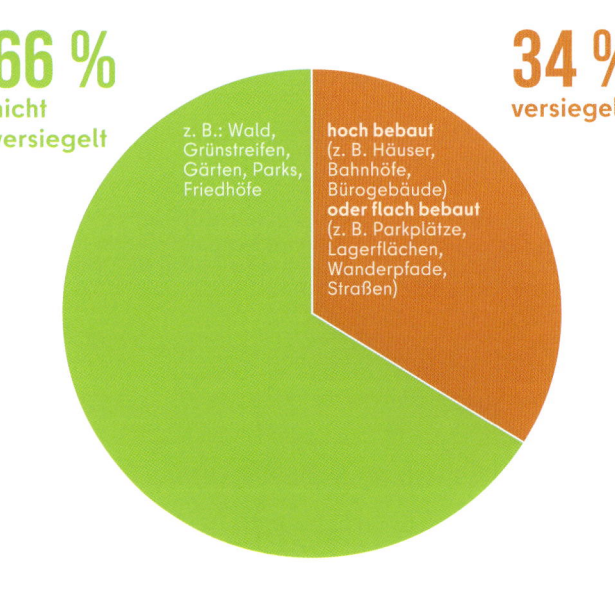

BERLINS GESAMTE FLÄCHE BETRÄGT 892 KM²

- 14,5 % Einzel-, Doppel- und Reihenhäuser
- 2 % Villen
- 10 % Mehrfamilienhäuser (2 bis 6 Stockwerke)
- 2,5 % Hochhaussiedlungen
- 7 % Gewerbe, Industrie, Handel, Ver-/Entsorgung
- 2,5 % Hochschulen, Schulen, Kitas
- 1 % Verwaltung und Kasernen
- 1 % Kultur, Kirchen, Krankenhäuser
- 6 % Gewässer
- 19 % Wald
- 4,5 % Kleingärten, Camping
- 4 % Parks, Grünflächen
- 2 % Sportplätze
- 1,5 % Friedhöfe
- 4 % Landwirtschaft
- 11 % Straßen und Parkplätze
- 2 % Bahnhöfe und Gleise
- 1 % sonstiger Verkehr
- 4,5 % sonstiges

ÖPNV
U-BAHN UMTAUFEN?

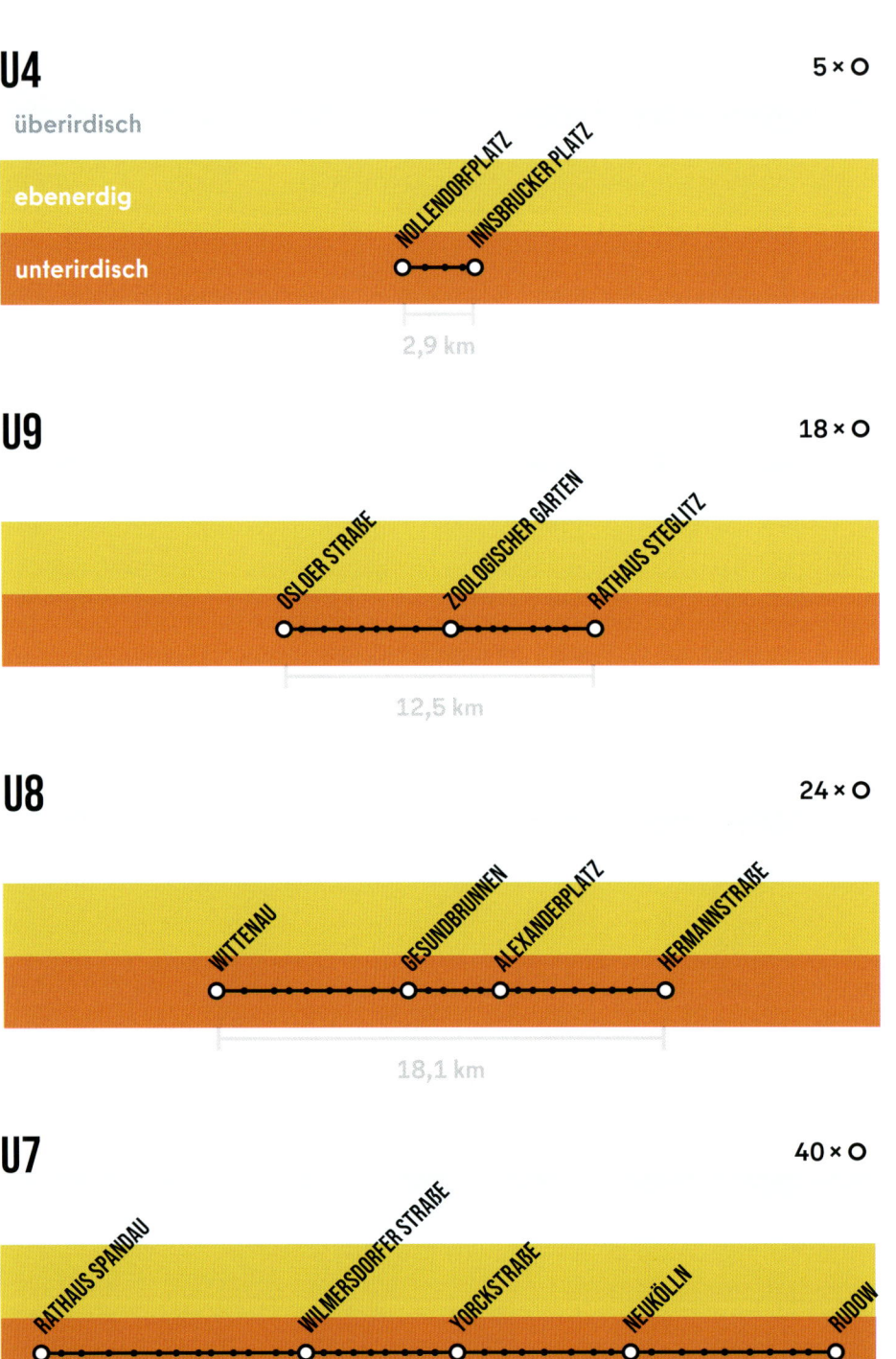

U4 — überirdisch / ebenerdig / unterirdisch — 5 × ◯
NOLLENDORFPLATZ — INNSBRUCKER PLATZ
2,9 km

U9 — 18 × ◯
OSLOER STRASSE — ZOOLOGISCHER GARTEN — RATHAUS STEGLITZ
12,5 km

U8 — 24 × ◯
WITTENAU — GESUNDBRUNNEN — ALEXANDERPLATZ — HERMANNSTRASSE
18,1 km

U7 — 40 × ◯
RATHAUS SPANDAU — WILMERSDORFER STRASSE — YORCKSTRASSE — NEUKÖLLN — RUDOW
31,8 km

Dass man Poesie und Verkehrspolitik unter einen Hut bringen kann, beweisen die Musiker von Element of Crime in ihrem Song „Alle vier Minuten": Darin sitzen sie gemütlich irgendwo in Kreuzberg unter der Hochbahn, mit einem Bier, an einem der letzten warmen Herbsttage — und kommen plötzlich auf das Thema U-Bahn zu sprechen: Es sei doch irreführend, dass die so heiße, obwohl sie über den Köpfen herumfahre, sagt der eine. Der andere wirft ein, Hochbahn gehe aber auch nicht, weil sie ja kurz vor Schöneberg tatsächlich unter die Erde fahre. Am Ende beschließt man, die Linie zu trennen. Denn Klarheit in der Spra-

KNAPP EIN VIERTEL UNT[ER]

Linie	Zu welchem Anteil im Untergrund
U1	33 %
U3	42 %
U5	59 %
U2	71 %
U6	85 %
U4	100 %
U7	100 %
U8	100 %
U9	100 %
Netz	77 %

= 122 km des insgesamt 157 km langen Netzes

GEOGRAFIE & VERKEHR

che sei nun einmal das „allerhöchste Gut".

Dazu wird es nicht kommen. Doch es stimmt: Fast jeder vierte Kilometer U-Bahn-Strecke befindet sich nicht im Keller, sondern ebenerdig oder aufgestelzt. Dasselbe gilt für fast jede fünfte Station.

Wenn die Bahnen von unten nach oben wechseln, müssen sie ganz schön klettern: Es kommen dabei Steigungen von 30 Promille vor — das sind 30 senkrechte Meter pro 1.000 waagerechte. Güterzüge könnten das nicht.

Übrigens: Im Schnitt wird jedes Stück Berliner U-Bahn-Strecke rund 400 Mal pro Tag befahren. Bei Tram und S-Bahn geschieht das nur rund 300 Mal.

EIEM HIMMEL

Inbetriebnahme

Erstes Segment	Letztes Segment
1902	1926
1902	1929
1930	2020
1902	2000
1923	1966
1910	1910
1924	1984
1927	1996
1961	1976

e Berliner S-Bahn fährt abgesehen m 6 km langen Nord-Süd-Tunnel ischen Nord- und Anhalter Bahnhof r oberirdisch.

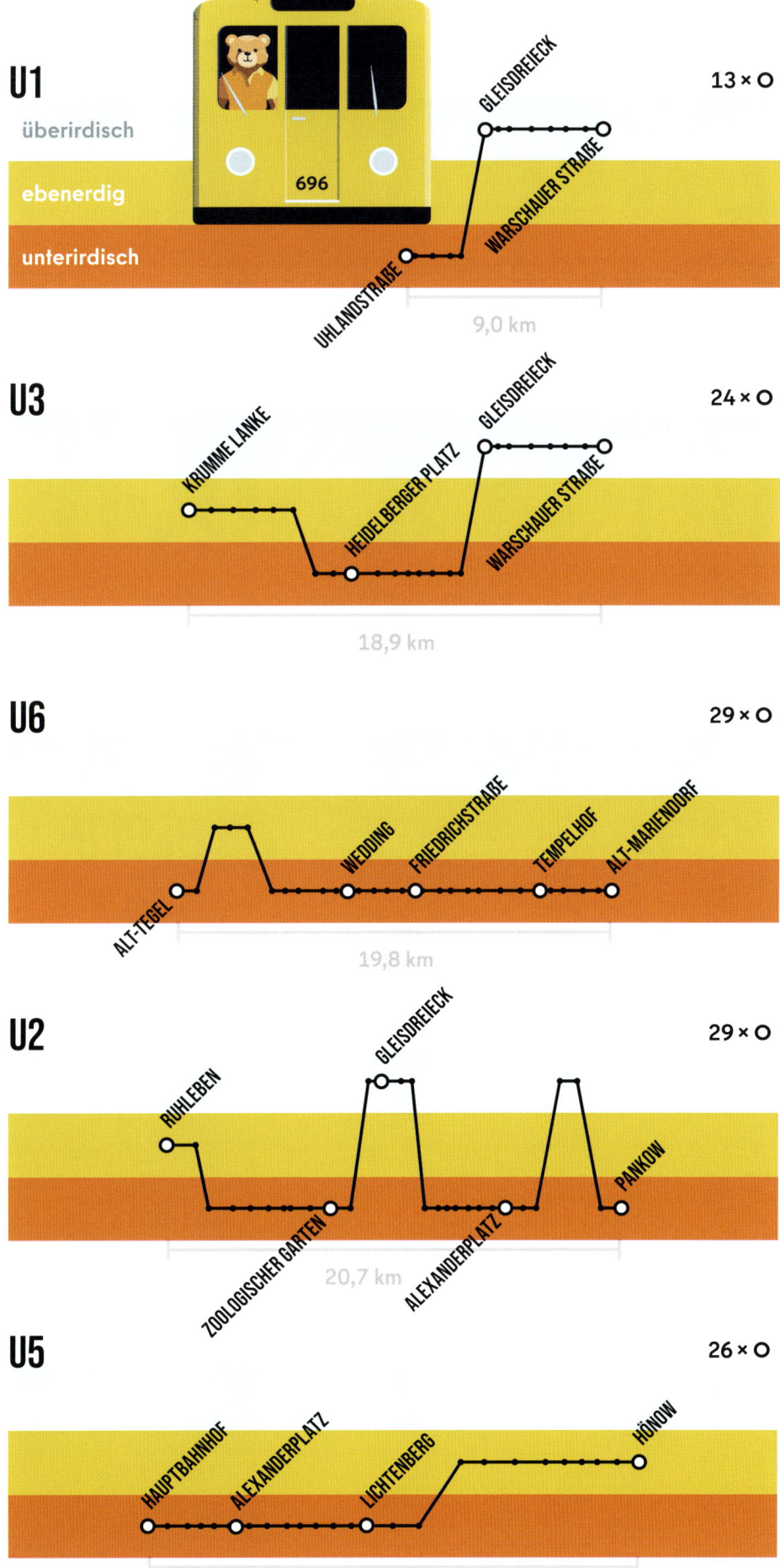

RADVERKEHR

ZWEE RÄDA, EEN LENKA, DIT IS JENUCH

Es war ein angenehm warmer Spätsommermorgen im Jahr 2023, als auf dem Kaisersteg ein neuer Rekord aufgestellt wurde: Die stählerne Spree-Brücke, die Nieder- mit Oberschöneweide verbindet, wurde zwischen sieben und acht Uhr morgens von genau 339 Radfahrer|innen überquert — also von fast sechs pro Minute. Eine so hohe Zahl war zuvor noch nicht erfasst worden, zumindest nicht hier.

Dass die automatischen Zählstellen, von denen es in Berlin inzwischen rund 30 gibt, neue Rekorde registrieren, ist kein Wunder, schließlich weist der Trend eindeutig nach oben. Im Schnitt sieht man auf den Straßen heute zwei Drittel mehr Räder herumfahren als noch zur Jahrtausendwende. Bei kurzen Strecken von ein bis drei Kilometern ist das Fahrrad schon lange das Verkehrsmittel Nummer eins in Berlin, doch auch bei längeren Wegen gewinnt es Anteile hinzu.

Ein Hauptgrund für das Wachstum ist, dass die Berliner|innen auch im Winter nicht mehr kneifen. Die entsprechenden Zahlen sind zwar niedriger als im Sommer, dafür sind sie aber in den letzten Jahren viel stärker gestiegen. Über den Kaisersteg fahren inzwischen selbst an frostigen Werktagen mehr als 1.000 Radler|innen pro Tag.

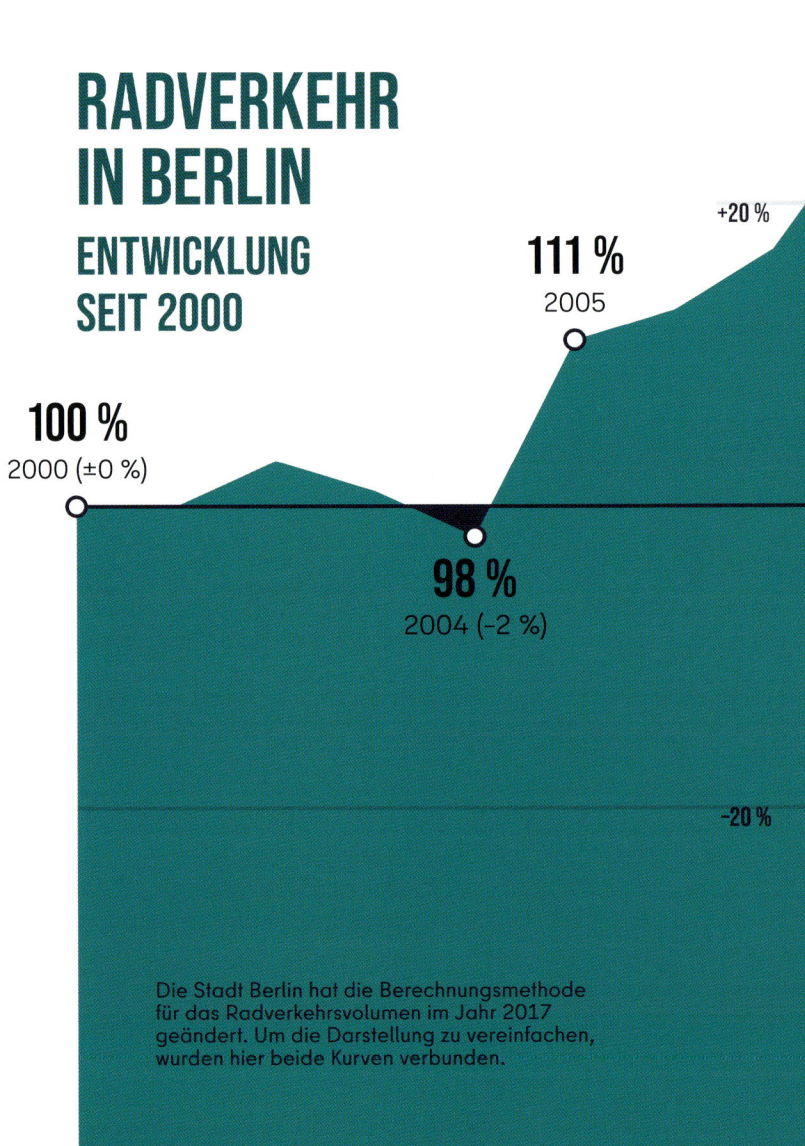

RADVERKEHR IN BERLIN
ENTWICKLUNG SEIT 2000

100 % 2000 (±0 %)
98 % 2004 (−2 %)
111 % 2005

Die Stadt Berlin hat die Berechnungsmethode für das Radverkehrsvolumen im Jahr 2017 geändert. Um die Darstellung zu vereinfachen, wurden hier beide Kurven verbunden.

188 % 2020

Das erste Corona-Jahr (2020) ragt heraus. Damals wollten die Leute ihre Mitmenschen meiden und an der frischen Luft sein, egal wie das Wetter war.

166 % 2023

Rund die Hälfte aller Räder, die zurzeit verkauft werden, sind E-Bikes.

152 % 2015

131 % 2010

ZÄHLSTELLE KAISERSTEG IN SCHÖNEWEIDE

ZAHL DER FAHRRADFAHRER|INNEN PRO TAG

Januar vs. **Juni** (werktags)

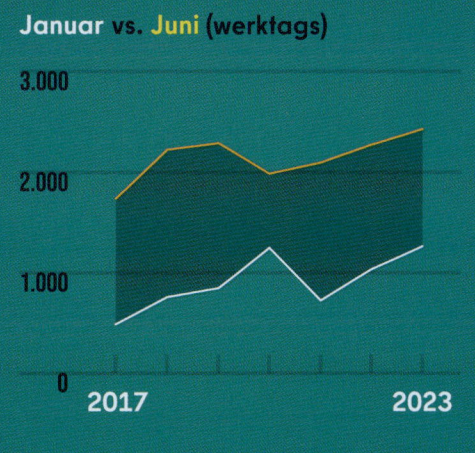

Werktage vs. **Wochenende**

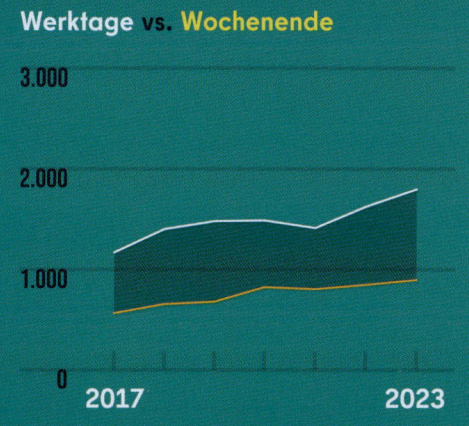

Regen vs. **trockenes Wetter** (werktags im Herbst)

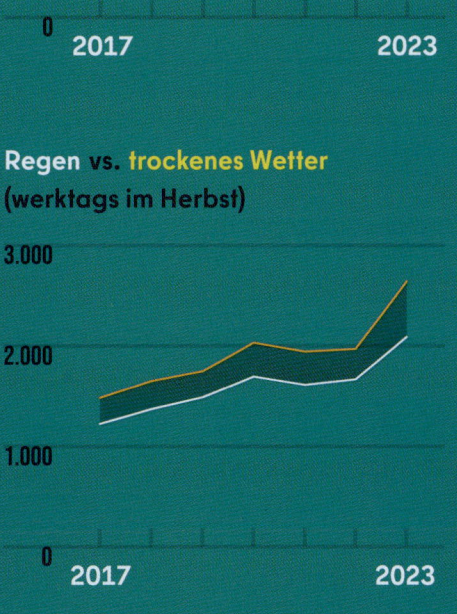

Frost vs. **kein Frost** (werktags im Winter)

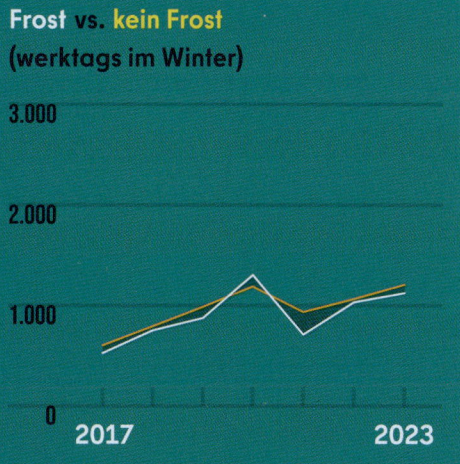

STRASSENNAMEN
STADT, LAND, MENSCH

Sich neue Straßennamen auszudenken, ist nicht immer einfach — besonders in einer Millionenmetropole. Wer sich eine Liste der gut 10.000 Straßen und Plätze der Stadt zusammenbastelt, der merkt, dass die Berliner oft erstaunlich einfallsreich waren bei der Namenswahl. In Britz etwa wurden vor 100 Jahren gleich mehrere Straßen nach Fritz Reuters Romanfiguren benannt, in Hohenschönhausen hat heute jedes Mitglied der Band ABBA eine eigene Gasse. Anderswo war man weniger kreativ. Erinnert sei hier an die Siedlungen in Karow und Wartenberg, in denen die Straßen einfach durchnummeriert wurden. Oder an die in Heiligensee, wo sie nur mit Buchstaben benannt sind.

Auffällig sind die vielen Doppelungen, die sich dadurch erklären, dass die heutige Stadt Berlin 1920 aus vielen Orten zusammengesetzt wurde. So existieren tatsächlich fünf unterschiedliche Stubenrauchstraßen, die an einen früheren Polizeichef dieses Namens erinnern.

Insgesamt ist ungefähr ein Fünftel der Straßen nach Städten benannt. Auch andere geografische Orte kommen oft vor, ebenso Pflanzen und Tiere. Die häufigste Namenskategorie sind — mit einem Anteil von einem Drittel — die Personen, vor allem solche aus dem 19. Jahrhundert. Diese Häufung ist kein Wunder, Berlin erlebte vor dem Ersten Weltkrieg einen enormen Bauboom.

Frauen als Namensgeberinnen sind selten, auf sieben männliche Straßen kommt eine weibliche.

3.300 nach Menschen

2.200 nach Städten Stadtteilen

MEISTENS AUS DEM 19. JAHRHUNDERT
Namensgeber|innen nach Jahrhundert der Geburt

> 2.000

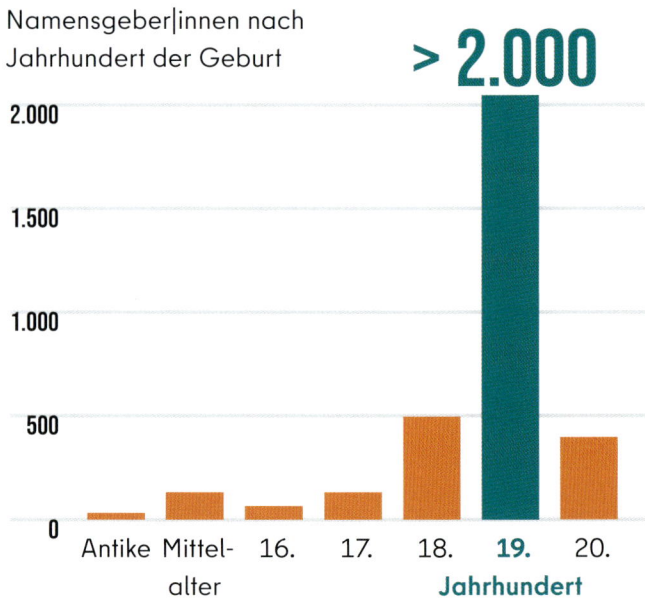

WONACH BERLINS RUND 10.000 STRAßEN BENANNT SIND

- 3.000 Sonstige
- 50 nach Romanfiguren
- 200 nach Vornamen
- 150 nach Tieren
- 400 nach Pflanzen
- 700 nach Bergen, Seen, Flüssen usw.

SELTEN NACH FRAUEN BENANNT
Namensgeber|innen nach Kategorien*

 Frauen
 Männer

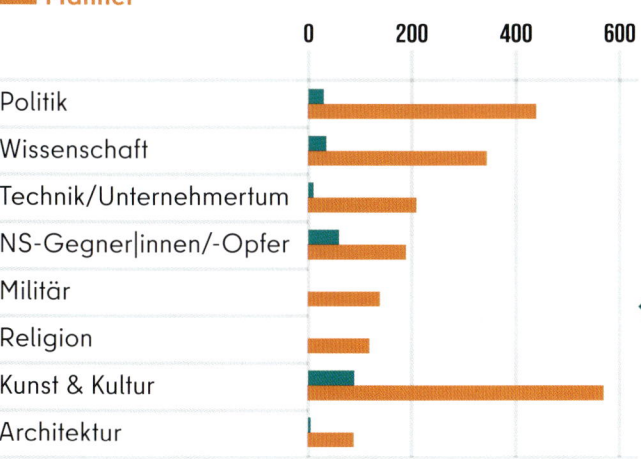

Politik
Wissenschaft
Technik/Unternehmertum
NS-Gegner|innen/-Opfer
Militär
Religion
Kunst & Kultur
Architektur

*Auswahl

FUN FACTS

Adlergestell ist mit
12 KM
die längste Straße der Hauptstadt.

Die kürzeste Straße befindet sich im Nikolai-Viertel: Mit genau einem Haus auf jeder Seite ist die
EIERGASSE
gerade mal 16 m lang.

Die Friedrichstraße in Berlin wurde 1911 **die erste Einbahnstraße Deutschlands.**

In der Hauptstadt gibt es
12 × WALDSTR.
und 10 Mal die Lindenstraße.

UNGEWÖHNLICHE NAMEN
z. B.: Bratvogelweg, Gurkensteig, Ungewitterweg, Frau-Holle-Weg, Im Kinderland, Tangastraße, Zwerg-Nase-Weg, Spinatweg, Rosentreterpromenade, Am Feuchten Winkel ...

Rund 2.900 Straßen sind nach Männern benannt. Diese sind im Schnitt 490 Meter lang. Rund 400 Straßen sind nach Frauen benannt. Diese sind im Schnitt 390 Meter lang. Erst seit 2010 bekommen Frauen und Männer gleich viele neue Straßen.

MOTORISIERUNGSGRAD

VIELE LEBEN OHNE PKW ...

Kein Autokennzeichen findet sich in Deutschland häufiger als das „B" Berlins. Kein Wunder, schließlich ist die Stadt ja auch die mit Abstand größte. Trotzdem ist man in der Hauptstadt eher Automuffel als Autofreak: Auf 100 Menschen kommen hier gerade einmal 33 Pkw, das ist der Minusrekord aller Kreise und Großstädte. Der deutsche Durchschnitt liegt bei 57.

Klar, man kann in Berlin auch gut ohne Auto leben, Busse und Bahnen sind eng getaktet, die Wege eher kurz und die Radwege, nun ja, hier und da zumindest passabel. Und viel mehr Pkw würden wohl auch kaum hineinpassen in diese Stadt. Auch wenn man in Preußen — als hätte man geahnt, was nach den Kutschen kommen würde! — einstmals erstaunlich breite Straßen angelegt hat, ist der Platz nun einmal begrenzt. Rein rechnerisch entfallen auf jeden Hektar Berliner Straßenfläche 123 Autos. Das sind ungefähr fünfmal so viele wie in den brandenburgischen Flächenkreisen nebenan. Noch nicht mit eingerechnet sind hier die ganzen Lkw, die es ja obendrein gibt — und auch nicht die Tausenden Pendler|innen, die morgens in die Stadt hineinbrausen.

Bei der Umstellung auf Elektromobilität ist Berlin übrigens nicht wirklich gut. Der Anteil der E-Autos am Gesamtbestand liegt hier sogar unter dem deutschen Durchschnitt — und deutlich hinter den Werten der meisten anderen Metropolen.

... ANDERS ALS IM SPECKGÜRTEL

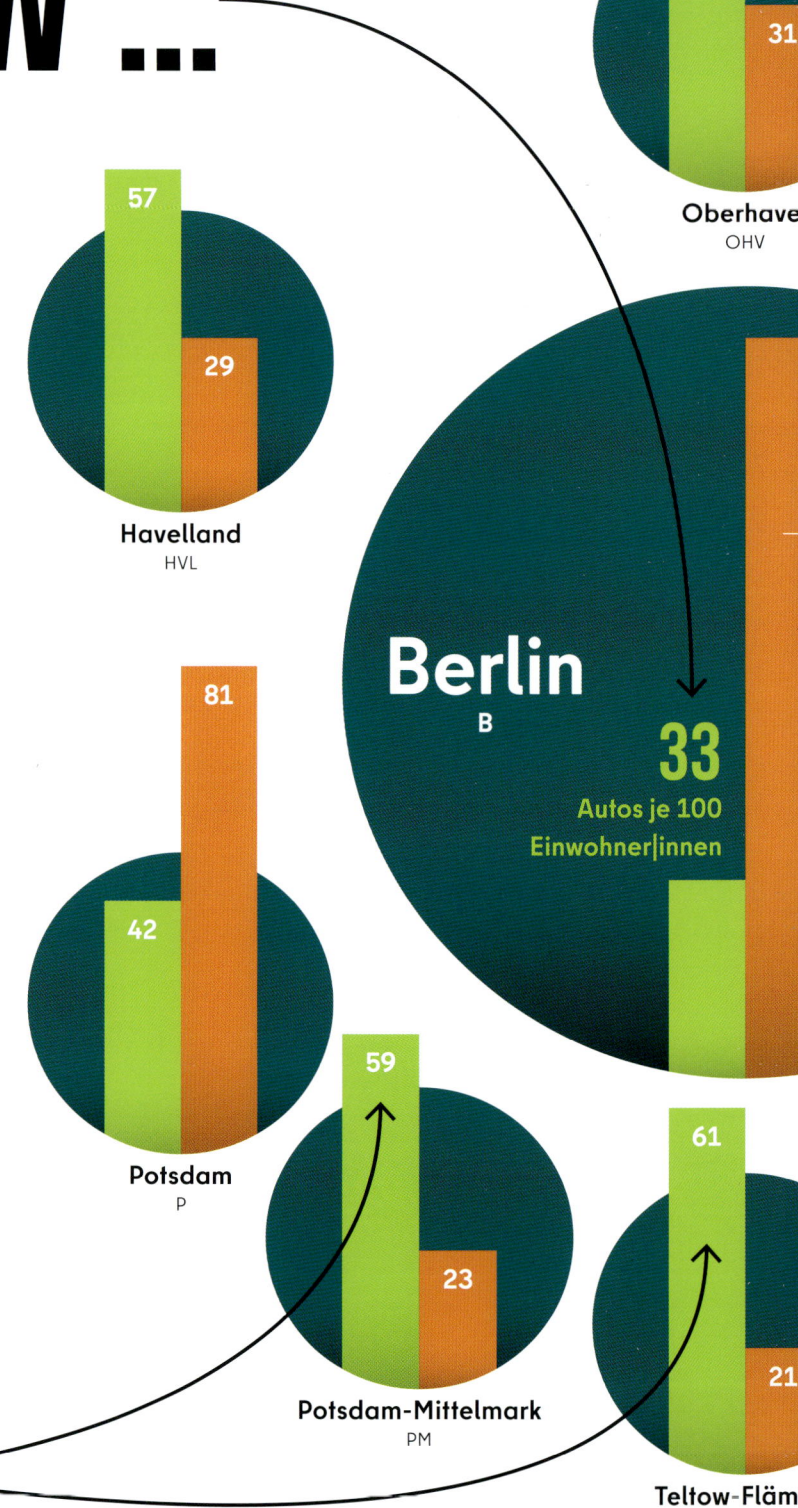

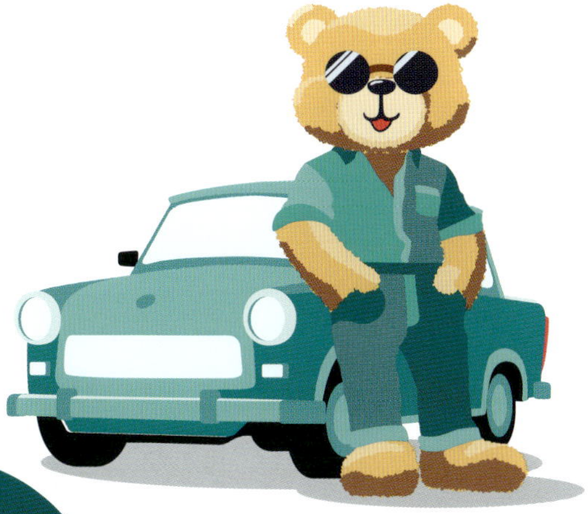

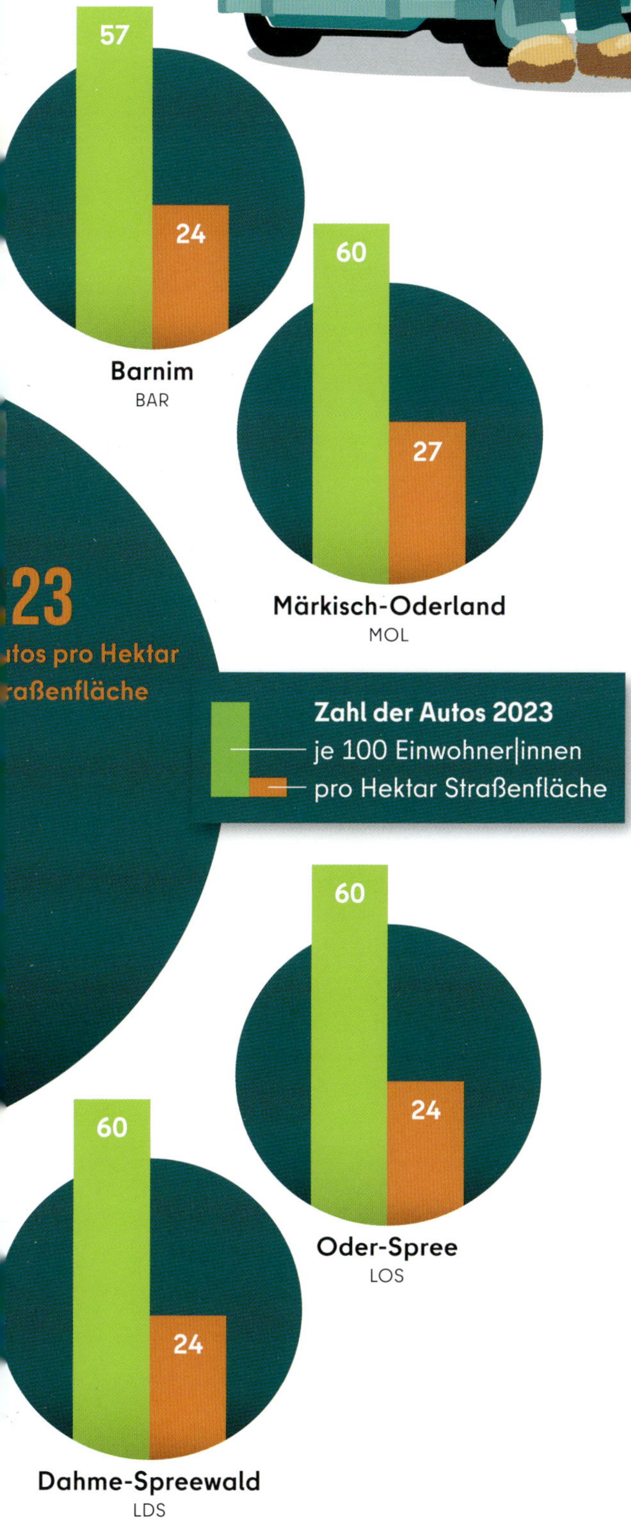

57
24
Barnim
BAR
60
27
Märkisch-Oderland
MOL
23
utos pro Hektar
raßenfläche
Zahl der Autos 2023
je 100 Einwohner|innen
pro Hektar Straßenfläche
60
24
Oder-Spree
LOS
60
24
Dahme-Spreewald
LDS

IMMER SCHON EIN SONDERFALL

Zahl der Autos pro 100 Menschen

33 Autos

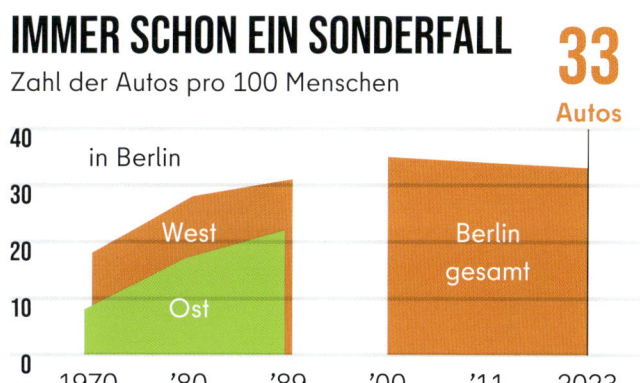

40
30
20
10
0
in Berlin
West
Ost
Berlin
gesamt
1970
'80
'89
'00
'11
2023

57
Autos
60
50
40
30
20
10
0
in Deutschland
BRD
DDR
Deutschland
gesamt
1970
'80
'89
'00
'11
2023

MORGENS REIN, ABENDS RAUS

Zählstelle Reinickendorf (A111):
Zahl der Autos pro Stunde

stadteinwärts
stadtauswärts
08:00
18:00
4.000
3.000
2.000
1.000
0
Durchschnitt Mo. bis Do.,
außerhalb der Schulferien,
gemessen Sept./Okt. 2021
00:00
06:00
12:00
18:00
00:00

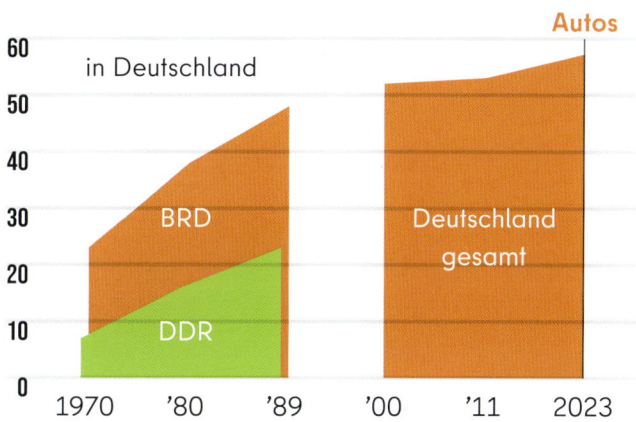

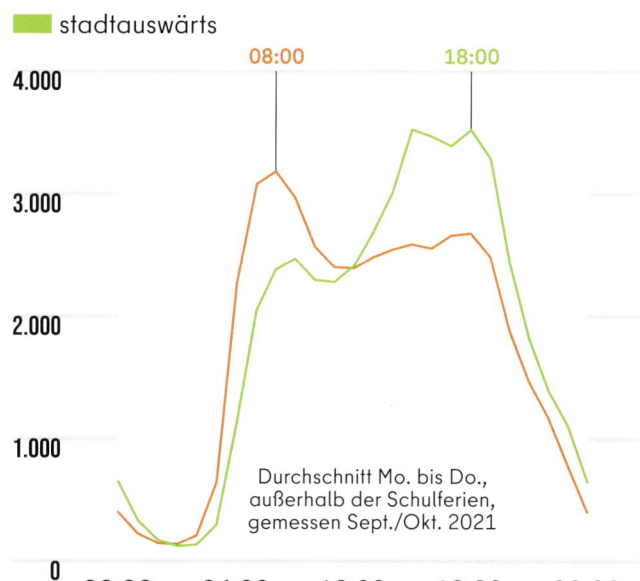

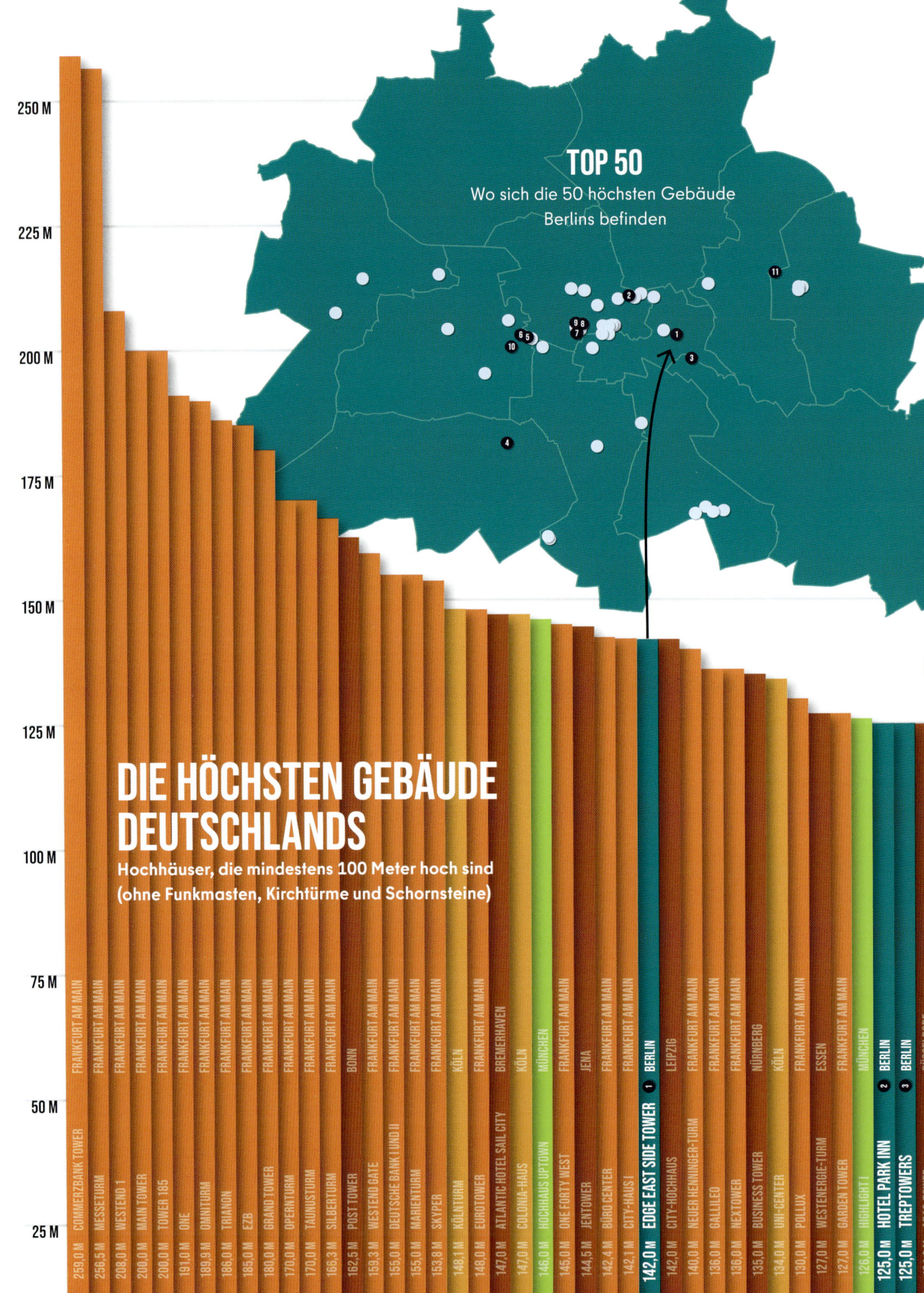

HÖCHSTE HOCHHÄUSER
SPÄRLICHE WOLKENKRATZER

Lange konnte Berlin stolz darauf sein, das höchste Hochhaus Deutschlands zu haben. Ab 1917 war das zunächst der Behrensbau in Schöneweide, bevor kurz darauf der noch einmal höhere Siemensturm im Bezirk Spandau fertig wurde. Ab 1927 führte das neue Ullsteinhaus in Tempelhof die Rangliste an. 20 Jahre später verlor Berlin den Titel dann.

Seit 1976 haben sich nur noch Frankfurter Wolkenkratzer an der Tabellenspitze abgelöst. Von den Häusern mit mindestens 100 Metern Höhe steht tatsächlich fast jedes zweite in der Bankenstadt. Berlin kommt gerade einmal auf jedes achte. Aber das reicht für Rang zwei — vor Köln, München und Hamburg.

Interessant ist der Blick in die Historie: In den Jahren nach dem Zweiten Weltkrieg begann man in West-Berlin schnell mit dem Hochhausbau. Ab den späten 1970er Jahren kam er allerdings fast vollends zum Erliegen — in Folge von Bevölkerungsrückgang und Bauskandalen.

Anders war es in Ost-Berlin: Hier tat sich erst wenig, später dann baute man fast nur noch in die Höhe. Markante architektonische Stadtdominanten sollten her, vor allem aber neuer Wohnraum.

Im neuen Jahrtausend wurden zunächst nur wenige Hochhausprojekte begonnen. Doch das ändert sich gerade — etwa am Alexanderplatz oder an der Sonnenallee.

Jahr	Höhe	Name	Rang	Stadt
2003	120,0 m	CITY TOWER		OFFENBACH AM MAIN
2017	119,0 m	UPPER WEST	5	BERLIN
1974	119,0 m	MARITIM TRAVEMÜNDE		LÜBECK
2012	118,8 m	ZOOFENSTER	6	BERLIN
1984	117,0 m	MESSE TORHAUS		FRANKFURT AM MAIN
1996	115,3 m	JAPAN CENTER		FRANKFURT AM MAIN
1972	115,0 m	HOTELTURM		AUGSBURG
1969	115,0 m	LANGER EUGEN		BONN
2007	115,0 m	PARK TOWER		FRANKFURT AM MAIN
1981	113,7 m	HUB TOWER		MÜNCHEN
2004	113,0 m	HIGHLIGHT II		MÜNCHEN
2004	112,3 m	WESTHAFEN TOWER		FRANKFURT AM MAIN
2003	112,0 m	IBC TOWER		FRANKFURT AM MAIN
1974	112,0 m	TÜV-HOCHHAUS		KÖLN
1966	110,0 m	CITY GATE		FRANKFURT AM MAIN
2018	110,0 m	WINX		FRANKFURT AM MAIN
1999	110,0 m	EUROTHEUM		FRANKFURT AM MAIN
2016	110,0 m	ELBPHILHARMONIE		HAMBURG
1973	109,0 m	RINGTURM		KÖLN
1973	108,6 m	GLOBAL TOWER		FRANKFURT AM MAIN
1998	108,0 m	VICTORIA-HAUS		DÜSSELDORF
1973	108,0 m	RADISSON BLU		HAMBURG
1997	106,0 m	ATRIUM TOWER	7	BERLIN
1979	106,0 m	RATHAUS ESSEN		ESSEN
2022	106,0 m	SENCKENBERG-TURM		FRANKFURT AM MAIN
1981	105,0 m	LAND- UND AMTSGERICHT		KÖLN
2006	103,2 m	KÖLNTRIANGLE		KÖLN
1999	103,0 m	KOLLHOFF-TOWER	8	BERLIN
2000	103,0 m	BAHNTOWER	9	BERLIN
2007	103,0 m	SV-HOCHHAUS		MÜNCHEN
1974	102,0 m	KUDAMM-KARREE	10	BERLIN
1969	102,0 m	HERKULES-HAUS		KÖLN
1980	102,0 m	FUNKHAUS		KÖLN
1975	102,0 m	COLLINI-CENTER		MANNHEIM
2023	101,5 m	HOCHHAUS KANZLERPLATZ		BONN
1973	101,4 m	MUNDSBURG-TURM I		HAMBURG
1982	101,3 m	NECKARUFERBEBAUUNG NORD		MANNHEIM
1973	101,0 m	BMW-VIERZYLINDER		MÜNCHEN
1974	101,0 m	MARITIM CLUBHOTEL		TIMMENDORFER STRAND
1995	100,0 m	DIE PYRAMIDE	11	BERLIN
1999	100,0 m	RELLINGHAUS II		ESSEN
1972	100,0 m	LEONARDO ROYAL HOTEL		FRANKFURT AM MAIN

GEOGRAFIE & VERKEHR: DIES UND DAS

DAS FANDEN WIR AUCH

Der Doppeldeckerbus war das Wahrzeichen West-Berlins. In den 1970er Jahren wurden fast 1.000 neue in den Dienst gestellt. Heute sind in der ganzen Stadt nur noch knapp

200 STÜCK IM EINSATZ

In Wahrheit sind sie doch unpraktisch: Man stößt sich den Kopf und fällt oft die Treppe hinunter.

Vom Scholzplatz zum Schlossplatz: Wie mit dem Lineal gezogen verläuft die B2

12 KM

schnurgerade durch die Stadt als Heerstraße, Kaiserdamm, Bismarckstraße, Straße des 17. Juni und Unter den Linden. Als Kompass taugt sie nicht: Von der Ost-West-Achse ist sie um 6° weggekippt.

Berlins Grenzverlauf sieht an vielen Stellen äußerst absurd aus. Besonders kurios ist der sogenannte

ENTENSCHNABEL,

ein Stück Land, das rund

600 M LANG & 100 M BREIT

ist. Es gehört zur Umlandgemeinde Glienicke/Nordbahn und ragt in West-Berlins Frohnau hinein. Obwohl man den Schnabel rundherum einzäunen musste, hat die DDR ihn nicht aufgegeben.

SEIT 1929

werden die Häuser in Berliner Straßen

IM ZICKZACK

durchnummeriert: gerade Nummern auf der einen Straßenseite, ungerade auf der anderen. Weil man die alten Straßen ließ, wie sie waren, gibt es das sogenannte Hufeisenprinzip aber auch noch. Ziemliches Chaos.

20.200 MENSCHEN LEBEN ZURZEIT IN BERLIN.

Allerdings nicht in unserem Berlin, sondern in dem in Connecticut. Es ist eins von den rund 30 Berlins, die es in den USA gibt. Auch Russland und Südafrika haben ein Berlin.

NOCH INTERESSANT

Das längste Verkehrsnetz Berlins ist nicht das Straßensystem (das eine Gesamtlänge von 5.000 km hat), sondern die Kanalisation, die insgesamt auf **RUND 10.000 KM** kommt. Bis in unser Jahrhundert hinein wurde das Abwasser übrigens noch teilweise auf Rieselfeldern versprüht.

Für Stalins Anreise zur Potsdamer Konferenz im Sommer 1945 wurde die Ost-West-Achse der Berliner Eisenbahn mal eben auf die russische Breitspur erweitert: **1520 MM STATT 1435 MM**

Der höchste Punkt Berlins mit **121 M ÜBER DEM MEERESSPIEGEL** ist Arkenberge — eine Müllkippe. Der höchste Punkt Hamburgs liegt übrigens nur 5 m niedriger.

FAST 500.000 MENSCHEN fliegen pro Jahr von Berlin aus in die USA. Aber nur rund 40 % von ihnen nehmen einen Direktflug. Der Rest steigt irgendwo um. Der BER bleibt vorerst ein Flughafen ohne allzu viele Interkontinentalflüge.

Es gibt in Berlin **5 POSTLEITZAHLEN** deren Gebiet jeweils in drei verschiedenen Bezirken liegt: 10785, 10787, 10965, 13629 und 14197.

420 KM LANG war das Liniennetz der West-Berliner Straßenbahnen nach dem Krieg. Bis 1967 wurde es komplett stillgelegt, um Platz für Autos zu schaffen. Aus heutiger Sicht ein gigantischer Fehler.

2.200.000 RATTEN

Ein Rattenweibchen kann im Jahr rund 50 Kinder bekommen. 6 Schwangerschaften sind möglich, 8 Kinder pro Wurf der Durchschnitt.

DIE WELT DER FAUNA

Als bei der Volkszählung im Jahr 2022 herauskam, dass in Berlin 130.000 Menschen weniger wohnen als gedacht, war die Aufregung groß. Wie konnte sich die Statistikbehörde denn so verrechnet haben? Wer in der Wildtierforschung tätig ist, kann da nur müde lächeln. Für die meisten Spezies gibt es allenfalls grobe Schätzungen, wie viele Exemplare davon in Berlin leben.

Fest steht aber: Die Fauna der Stadt ist erstaunlich variantenreich. Denn auch wenn es in der Metropole wenig Natur gibt, so hat die Natur, die da ist, tatsächlich alle Freiheiten. Anders als auf dem Land, wo landwirtschaftliche Monokulturen meist wenig Vielfalt zulassen, gibt es hier tatsächlich viele Rückzugsmöglichkeiten. Und viel zu essen. Und kaum Feinde. So darf in Siedlungsgebieten beispielsweise nicht gejagt werden.

Berlin gilt als unangefochtene Hauptstadt der Fledermäuse und der Spatzen. Füchse und Wildschweine machen es sich ebenfalls zunehmend gemütlich. Andere Arten werden dagegen seltener — der Igel und der Maulwurf zum Beispiel.

Falls es stimmt, dass die Rattenpopulation nicht bei zehn Millionen liegt, sondern eher bei gut zwei, dann bedeutet dies auch: Kein Säuger kommt in Berlin so häufig vor wie — der Mensch.

TIERISCH DICHT BESIEDELT

WILDE TIERE IN BERLIN
Auswahl • Entwicklung der Population

● steigend ● stabil ● fallend

380.000 SPATZEN

7 von 10 Berliner Vögeln sind Spatzen. Sie mögen wilde Flächen in der Stadt und die Gastronomie (wenn die Tische draußen stehen).

20.000 SUMPFKREBSE

Der Rote Amerikanische Sumpfkrebs plagt Berlin. Um die Bestände zu reduzieren, wird er mit Aalen bekämpft — oder auch systematisch gefangen und gegessen.

10.000 KRÄHEN

10.000 TAUBEN

Noch in den 1970ern soll es zehnmal so viele Tauben gegeben haben. Sie finden heute kaum noch Unterschlupf — weil es nur noch wenige unsanierte Häuser gibt.

6.000 STOCKENTEN

5.000 FÜCHSE

Stadtfüchse verhalten sich anders als Waldfüchse: Sie jagen weniger, sammeln mehr, laufen nicht so weite Strecken und achten auf den Straßenverkehr.

5.000 WILDSCHWEINE

Seit dem Mauerfall finden auch die Wildschweine Berlin interessant. Innerhalb des S-Bahn-Rings wollen sie zwar nicht wohnen, außerhalb davon aber durchaus.

2.000 WILDKANINCHEN

2.000 IGEL

1.000 WASCHBÄREN

500 MÖWEN

Die Möwen Berlins fressen Ratten und sind daher gerne gesehen. Sie brüten auf Flachdächern mit Kies drauf, auch am Alexanderplatz oder am Bundestag.

150 BIBER

Mehr Biber als jetzt könnte Berlin gar nicht ernähren. Dafür sind die vorhandenen Gewässer dann doch nicht geeignet genug.

JAGDSAISON
Geschossene Tiere in Berlin

	2011/12	2022/23	
Wildschweine	1.060	1.350	▲
Wildkaninchen	1.100	420	▼
Rehe	510	400	▼
Waschbären	30	130	▲
Füchse	130	100	▼
Damwild	40	40	▶
Dachse	10	5	▼

In der Nähe von Wohngebieten darf nicht gejagt werden, in den großen Berliner Wäldern schon.

TIERPARKS
Die größten Einrichtungen in Berlin

Zoo (inkl. Aquarium)
19.000 TIERE
1.000 Arten
auf 33 Hektar

Tierpark
8.000 TIERE
600 Arten
auf 160 Hektar

Sea Life
3.000 TIERE
120 Arten
in 30 Becken

Der Tierpark ist der größte in Europa, hat mit knapp 2 Mio. Besucher|innen pro Jahr aber weniger Zulauf als der Zoo mit knapp 4 Millionen.

Angaben zur Stadtfauna basieren auf groben Schätzungen und Hochrechnungen.

WETTER

11. FEB. 1929
−26,0 °C
MINUSREKORD

13. AUG. 1948
125 LITER PRO M²
REKORD FÜR REGEN

6. MÄRZ 1970
49 CM
REKORD FÜR SCHNEEHÖ[HE]

ES WIRD WÄRMER

Der 24. April 1945 war der letzte Tag, an dem man noch Wetterwerte ablesen konnte: Zwischen fünf und zwölf Grad waren es an diesem Dienstag in Dahlem. Für die Wochen danach sind keine Werte mehr verfügbar. Kein Wunder, schließlich hatte am selben Abend die Schlacht um Berlin begonnen.

Ansonsten sind die Tabellen aber nahezu vollständig. Für weit mehr als 50.000 Tage liegen Werte vor: Temperatur, Luftdruck, Schneehöhen. Wer die Daten in Excel knetet, der merkt, dass Berlin zwischen den Welten wandert. Die Stadt liegt auf der Grenze zweier Zonen: Im Westen ist das Klima ozeanisch, also mild, aber hektisch und feucht, im Osten ist es kontinental, das heißt extremer, dafür aber ruhig und trocken. Während sich die Berliner Sommer kaum voneinander unterscheiden, sind die Winter mal so und mal so.

Auf jeden Fall steigen die Temperaturen — wegen des Klimawandels. Inzwischen liegt das Zehn-Jahres-Mittel kontinuierlich bei über zehn Grad. Im 19. Jahrhundert waren es noch weniger als neun Grad. Die Differenz klingt klein, ist aber groß.

MESSSTATION BERLIN-DAHLEM
Temperaturen in Grad Celsius (°C)

SOMMER — 10-Jahres-Mittel / Jahreswert
GANZJÄHRIG — 10-Jahres-Mittel / Jahreswert
WINTER — 10-Jahres-Mittel / Jahreswert

13. NOV. 1972

REKORD: WINDSTÄRKE 11

110 KMH

28. JUNI 2011

UNÜBERTROFFENE

16:24

STUNDEN SONNE

4. JULI 2015

TEMPERATURREKORD

37,9 °C

IM HISTORISCHEN KONTEXT

9. Nov. 1918 | Berlin ist wolkenverhangen, doch **mit 10 °C ist es noch recht warm,** als Philipp Scheidemann kurz nach 14 Uhr am Reichstag die Republik ausruft — und damit die Monarchie beendet.

30. Jan. 1933 | Als Adolf Hitler vom Reichspräsidenten zum Kanzler ernannt wird, ist es bitterkalt. Die Temperatur beträgt **-5 °C. Die Sonne zeigt sich an diesem düsteren Schicksalstag kaum.**

20. Juli 1944 | Am Vortag hat es stark geregnet, doch als Claus Schenk Graf von Stauffenberg um 15:45 Uhr in Tempelhof landet, um die Operation Walküre zu leiten, ist es trocken, windstill und **mit 25 °C recht warm.**

17. Juni 1953 | Am Tag, an dem in Ost-Berlin mehr als 1 Million Menschen auf die Straße gehen, ist es zunächst kühl, feucht und schwül. Zum Abend hin gibt es viel Sonnenschein und Temperaturen von **mehr als 20 °C.**

26. Juni 1963 | Auch die Sonne war ein Berliner: Am Tag, als John F. Kennedy am Schöneberger Rathaus vor rund 500.000 Menschen spricht, **scheint sie 11 Stunden lang, bei milden 20 °C.**

9. Nov. 1989 | **6 °C und trocken:** So zeigt sich das Wetter, als Günter Schabowski sich abends im Fernsehen verhaspelt — und auch, als nach 21 Uhr der Schlagbaum an der Bornholmer Straße hochgeht.

BÄUME KÜHLEN BERLIN HERUNTER

Durchschnittstemperatur 2002–2023

18,9 °C Messstation **DAHLEM** im Park zwischen den Bäumen

19,7 °C Messstation **TEMPELHOF** auf einem großen freien Feld

Sommer

10,2 °C | **10,7 °C**

ganzjährig

1,8 °C | **2,1 °C**

Winter

ERNEUERBARE ENERGIEN

SOLARSTROM
WAS THEORETISCH MÖGLICH WÄRE

RUND **400.000** BERLINER DÄCHER WÄREN FÜR SOLARANLAGEN GEEIGNET.

> Bisher gibt es erst rund 40.000 (meist kleinere) Anlagen.

× IM SCHNITT WÜRDEN AUF JEDES DACH ETWA **100 M²** MODULE PASSEN.

DIE NENNLEISTUNG WÜRDE SICH AUF INSGESAMT CA. **9 GIGAWATT** SUMMIEREN.

> Aktuell liegt die Nennleistung der bestehenden Berliner Solaranlagen bei weniger als 0,5 Gigawatt.

DARAUS ERGÄBE SICH EINE STROMMENGE VON UNGEFÄHR

= **8 TERRAWATT-STUNDEN** PRO JAHR

MÜHSAME ENERGIEWENDE

Eigentlich schenkt uns die Natur ja gigantische Mengen Energie: Die Sonne lässt pro Jahr eine Billion Kilowattstunden Solarstrahlung auf Berlin herunterscheinen. Der Wind kommt oben über der Stadt im Schnitt auf eine Leistungsdichte von 200 Watt pro Quadratmeter. Das Grundwasser ist in 1.000 Metern Tiefe 40 Grad Celsius warm. Und dann sind da noch die Tonnen von Biomasse, die die Pflanzenwelt bereitstellt.

> Sorgenkind der Energiewende bleibt der Verkehrssektor, dessen CO₂-Emissionen auch in Berlin kaum sinken.

BERLINS STROMVERBRAUCH
in Terrawattstunden

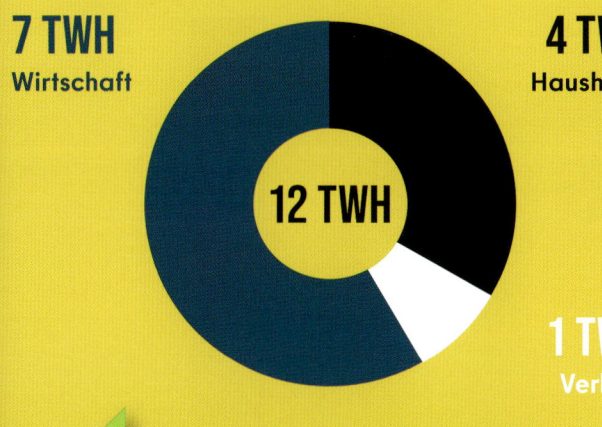

7 TWH Wirtschaft
4 TWH Haushalte
12 TWH
1 TWH Verkehr

> Zurzeit muss Berlin gut 40 % des Stroms aus der Nachbarschaft „importieren".

> Bisher lag der Fokus in Berlin darauf, fossile Brennstoffe effizienter zu nutzen — und Kohle durch Gas zu ersetzen. Der nächste Schritt — die Abkehr von diesen Energieträgern — wird deutlich schwieriger.

CO₂ IN BERLIN
- Tatsächliches Emissionsvolumen in Mio. Tonnen
- Klimaziele

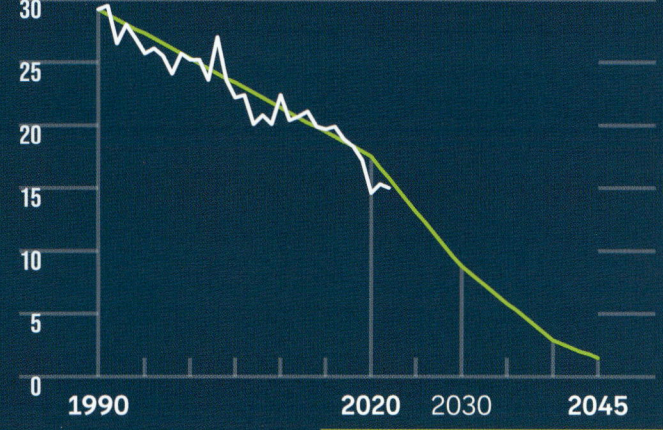

> Ungefähr jede 250. Wohnung wird auch heute noch mit Kohle beheizt. Berlinweit werden rund 20.000 Tonnen Briketts pro Jahr verheizt.

WIE BERLIN HEIZT
Wohnungen: Art der Heizung, in Prozent

	Berlin	Deutschland
Gas (zentral)	19 %	34 %
Gas (einzeln)	18 %	13 %
Ölheizungen	15 %	23 %
Fernwärme	**38 %**	15 %
Wärmepumpe	**3 %**	6 %
Sonstige	8 %	9 %

In der Theorie reicht all das locker, um Berlin mit Elektrizität und Wärme zu versorgen. In der Praxis aber nicht. Noch immer brennen die Feuer, die fossile Energieträger verheizen.

Bei der Stromherstellung ist Berlins Energiewende — im Vergleich zu anderen Bundesländern — bisher nicht weit gekommen. Weit weniger als ein Zehntel der Eigenproduktion stammt aus erneuerbaren Quellen. Am Nordrand des Bezirks Pankow gibt es zwar eine Handvoll Windräder, aber das war es dann auch schon fast. Zwar wächst die Zahl der Solaranlagen rasant. Doch bisher summiert sich deren Leistung noch nicht einmal auf fünf Prozent dessen, was möglich wäre, wenn man alle verfügbaren Dachflächen konsequent nutzen würde.

Trotz aller Probleme hat sich der Treibhausgasausstoß in der Hauptstadt seit 1990 halbiert. Vor allem die Wirtschaft arbeitet heute deutlich effizienter als früher. Und es wird nur noch wenig Braunkohle verbrannt. Früher roch die Stadt den ganzen Winter lang danach, heute nicht mehr.

KLEINGÄRTEN
BEGEHRTE PARZELLEN

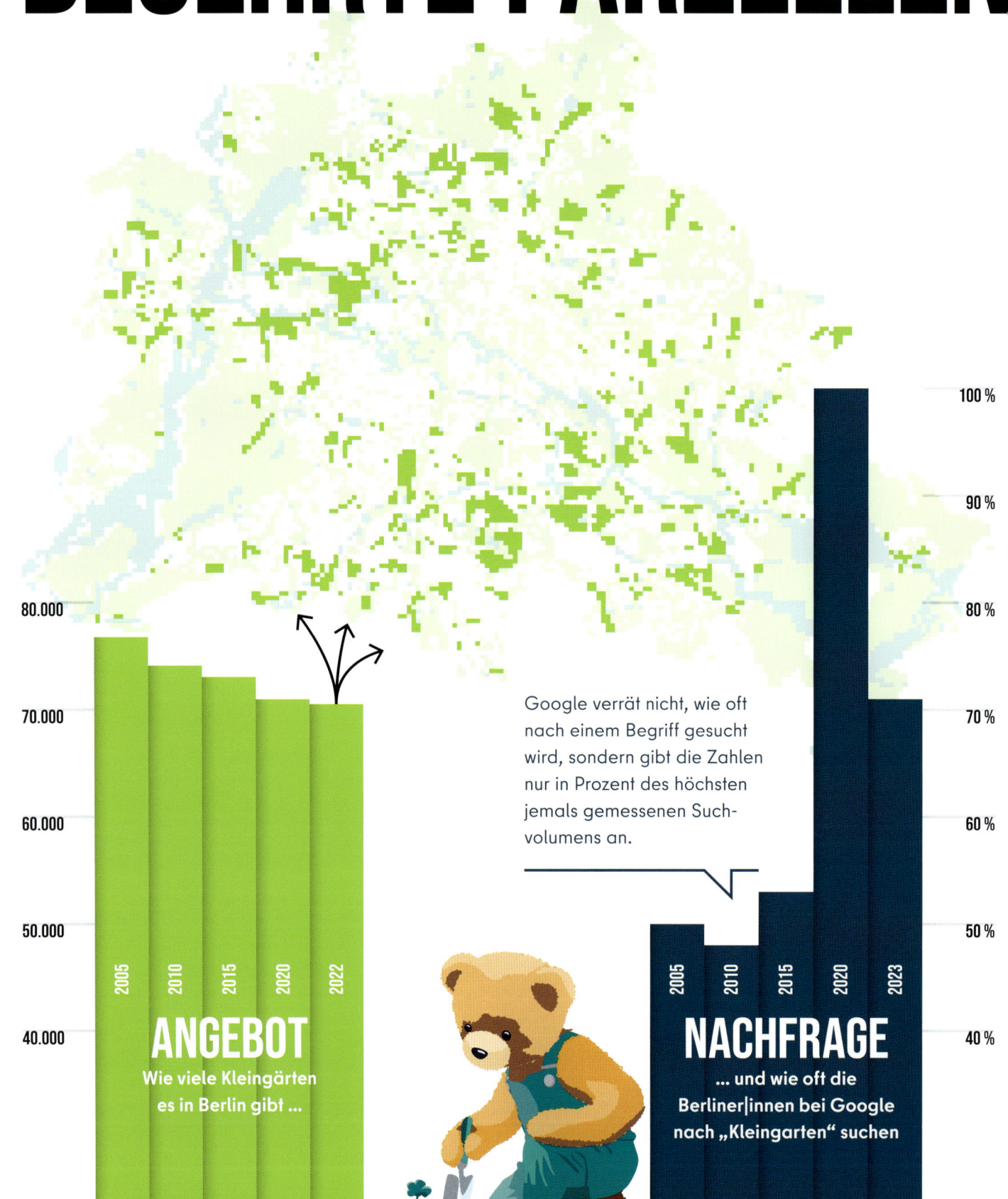

Google verrät nicht, wie oft nach einem Begriff gesucht wird, sondern gibt die Zahlen nur in Prozent des höchsten jemals gemessenen Suchvolumens an.

ANGEBOT
Wie viele Kleingärten es in Berlin gibt ...

NACHFRAGE
... und wie oft die Berliner|innen bei Google nach „Kleingarten" suchen

Sie sind nicht groß, diese Parzellen, im Schnitt nur 20 mal 20 Meter. Aber das reicht schon aus für ein paar Obstbäume, mehrere Reihen Gemüse und ein gemütliches Häuschen. Und natürlich für einen großen Grill, eine Schaukel und ein Trampolin. Schrebergärten sind groß in Mode. Tatsächlich reißen sich junge Familien in Berlin geradezu um die kaum mehr als 3.000 Gärten, die pro Jahr frei werden. Die Wartezeiten sollen bei rund fünf Jahren liegen — und die Ablösesummen mitunter im fünfstelligen Bereich. Tatsächlich erlebt die Szene einen Generationenwechsel: Die Hälfte der Bewerber|innen ist unter 40.

Der Sinn und Zweck der Anlagen hat sich mit der Zeit gewandelt: Ging es früher — und ganz besonders in den Hungerjahren nach dem Krieg — vor allem darum, dass die beengt lebende Stadtbevölkerung an frische Lebensmittel kam, so steht heute meist die Erholung im Vordergrund. Längst weiß man auch, wie gut die grünen Flächen der Stadt tun: Sie schaffen frische Luft, lassen den Wind durch und bieten Lebensräume für wilde Tiere und Pflanzen.

Trotz allem schrumpft die Zahl der Parzellen, kontinuierlich und wohl unumkehrbar. Seit 1960 musste mehr als jede zweite weichen — vor allem für Bauprojekte.

FLÄCHE
Kleingärten in km²

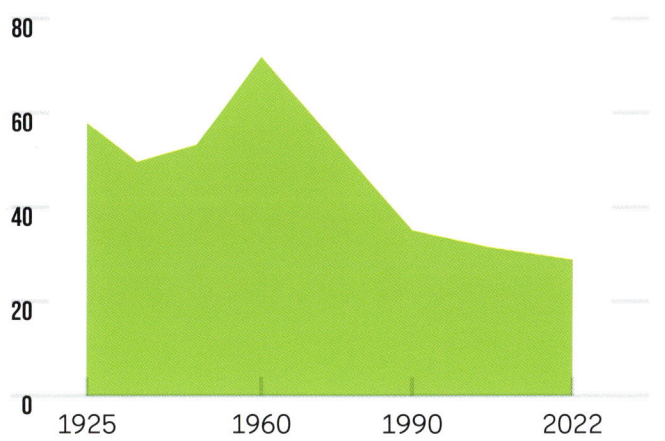

ANZAHL

Pankow	10.200
Neukölln	9.400
Treptow-Köpenick	9.000
Charlottenburg-Wilmersdorf	8.000
Tempelhof-Schöneberg	6.600
Reinickendorf	6.400
Lichtenberg	6.000
Steglitz-Zehlendorf	5.300
Spandau	4.300
Marzahn-Hellersdorf	3.200
Mitte	2.000
Friedrichshain-Kreuzberg	200

Rekord: Der Bezirk Neukölln besteht flächenmäßig zu 9 % aus Kleingärten.

VERBREITUNG
Zahl der Parzellen pro 1.000 Einwohner|innen

Leipzig	63
Dresden	44
Hannover	37
Frankfurt	21
Berlin	**19**
Hamburg	17
Essen	15
Köln	11
München	6
Stuttgart	5

In Ost-Berlin gab es 1960 mehr als doppelt so viele Kleingärten wie im Westteil der Stadt. Die DDR förderte die Bewegung stark, auch um die Versorgung mit Lebensmitteln zu verbessern. Später mussten aber viele Kolonien weichen.

Insgesamt gibt es rund 1 Million Kleingärten in Deutschland.

ENTFERNUNG
Distanz zwischen Wohnort und Kleingarten in Berlin

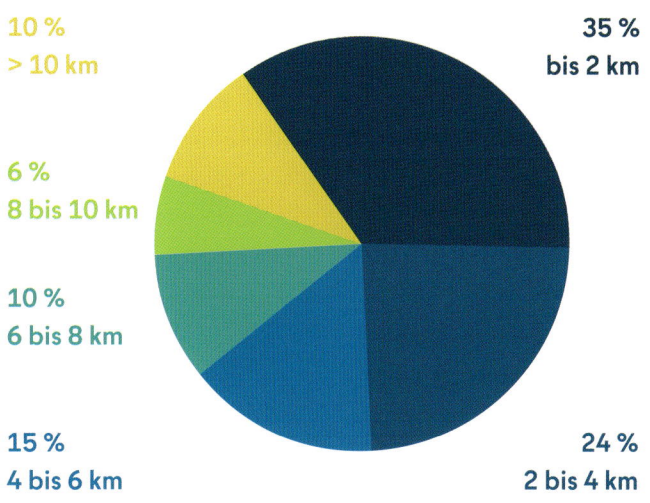

10 % > 10 km
6 % 8 bis 10 km
10 % 6 bis 8 km
15 % 4 bis 6 km
35 % bis 2 km
24 % 2 bis 4 km

FILMINDUSTRIE

Mit nur sieben Jahren war die Iranerin Kimia Hosseini 2011 die jüngste Gewinnerin des Silbernen Bären. Sie wurde für die Rolle der Somayeh in „A Separation" ausgezeichnet. Im selben Film spielte der bisher älteste Preisträger mit: Der damals 88-jährige Ali-Asghar Shahbazi mimte einen Alzheimer-kranken Großvater.

GLOBALE BERLINALE

Es ist eine feste Tradition: Wenn sich der Rest des Landes auf den Karneval vorbereitet, gehen die Menschen in Berlin gemütlich ins Kino. Mehr als 300.000 Tickets werden pro Jahr für die Berlinale verkauft, damit ist sie das weltgrößte Publikumsfest. Aber etwas schade ist es ja: Wenn schon fast die ganze Stadt hingeht, warum dürfen die Leute dann nicht auch über die Preisvergabe abstimmen? Schließlich war das Fest doch schon immer sehr politisch. Und zur Politik gehört die Demokratie. Aber fairerweise muss man sagen, dass auch die Jury der Filmfestspiele meist gute Entscheidungen darüber trifft, an wen die begehrten Bären vergeben werden.

Fest steht: Das Filmfest ist nichts Deutsches, sondern durch und durch global. So stammten die Filme, die bisher den Goldenen Bären für den besten Film bekamen, aus knapp 30 verschiedenen Ländern. Auch sonst ist das Fest vielfältig: Der Anteil der Produktionen, bei denen Frauen Regie führten, liegt inzwischen immerhin bei rund einem Drittel.

In einer anderen Hinsicht ist die Berlinale aber klassisch unterwegs: Die Frauen, die einen silbernen Bären für ihre schauspielerische Leistung bekommen, sind im Schnitt signifikant jünger als ihre männlichen Kollegen. Ein Grund sind auch die Storys: Ältere Frauen kommen einfach seltener vor. Noch immer.

SILBERNER BÄR: ALTER DER PREISTRÄGERINNEN UND PREISTRÄGER

Auszeichnungen für die beste schauspielerische Leistung

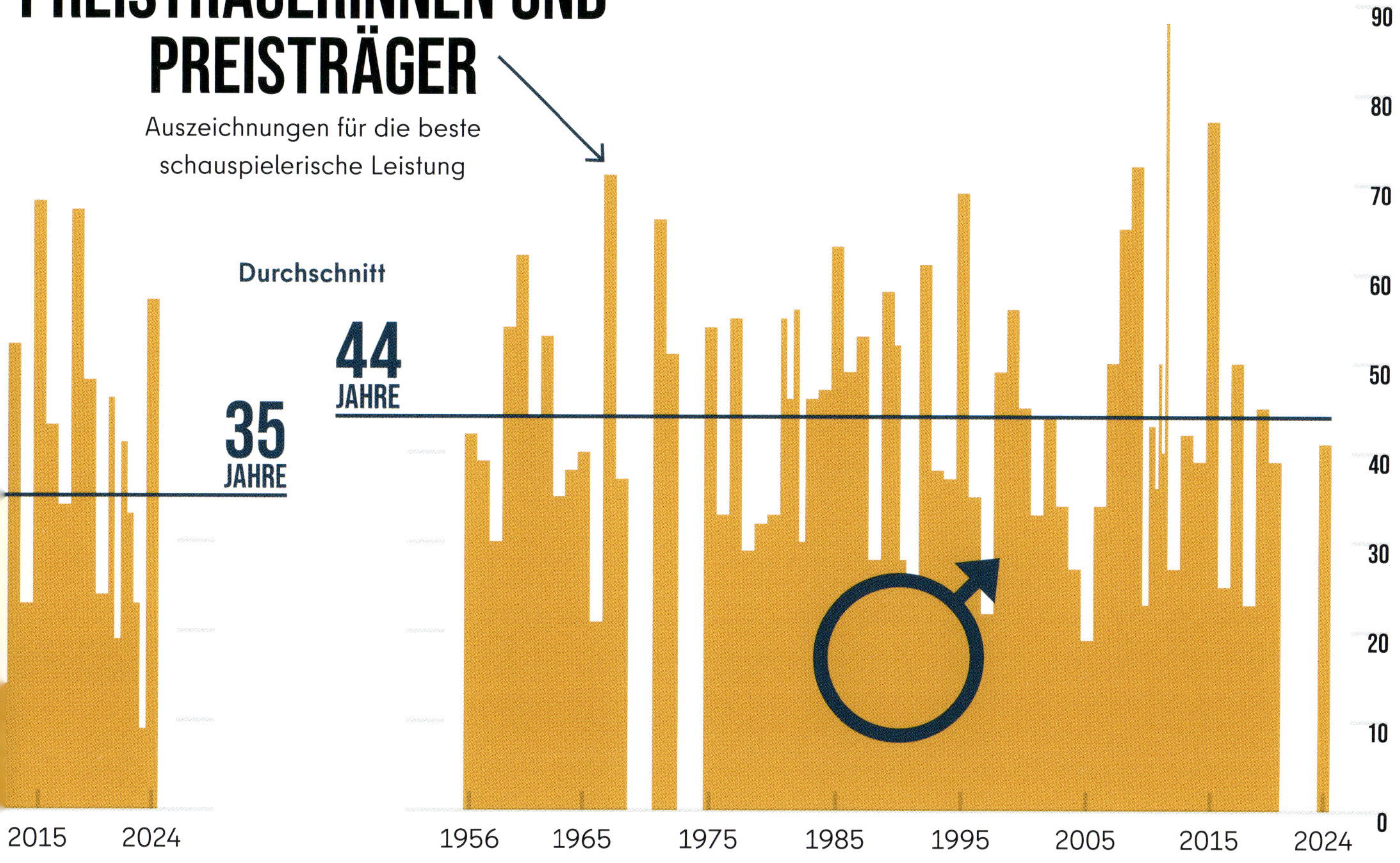

Durchschnitt: **35 JAHRE** / **44 JAHRE**

KATEGORIE: BESTER FILM

Herkunftsländer der prämierten Filme, in Prozent

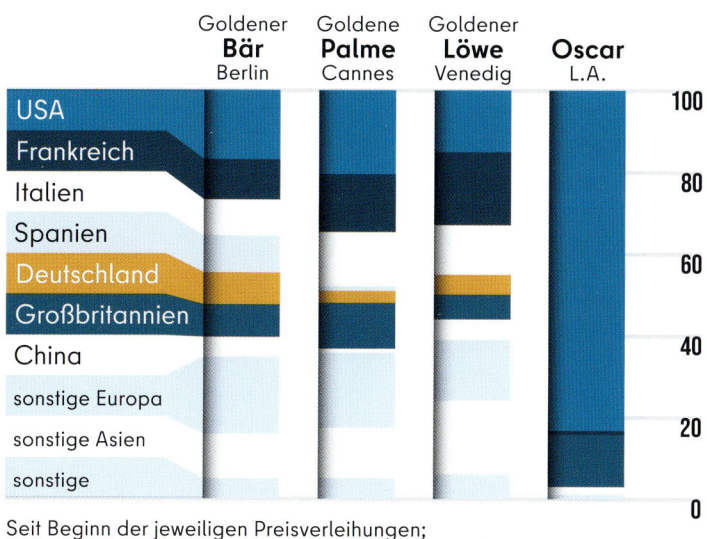

Goldener **Bär** Berlin · Goldene **Palme** Cannes · Goldener **Löwe** Venedig · **Oscar** L.A.

USA, Frankreich, Italien, Spanien, Deutschland, Großbritannien, China, sonstige Europa, sonstige Asien, sonstige

Seit Beginn der jeweiligen Preisverleihungen;
Filme mit mehreren Herkunftsländern wurden anteilig gewertet

HOLLYWOOD NIMMT SICH MEHR ZEIT

Durchschnittliche Länge der Filme, in Minuten

Berlinale[1] Oscars[2]

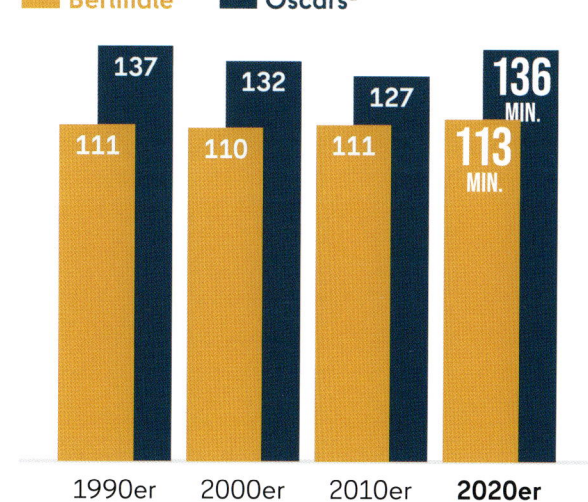

	1990er	2000er	2010er	2020er
Berlinale	111	110	111	113 MIN.
Oscars	137	132	127	136 MIN.

1) Wettbewerbsfilme im Bereich Langfilm
2) Für die Kategorie „Bester Film" nominierte Filme

ERSTLIGISTEN

JENSEITS DES FUßBALLS

Union und Hertha kennt man. Wahrscheinlich auch die Eishockey-Eisbären, die Basketball-Albatrosse und die Handball-Füchse. Doch Berlin hat viel mehr Erstligisten: Die Kobra Ladies im Football beispielsweise, den Verein für Körperkultur im Faustball oder die Kampfgemeinschaft im Judo. Fast jeder Sport hat eine Bundesliga. Oft wird der Betrieb komplett ehrenamtlich gestemmt. Und meist ist ein Team aus Berlin dabei.

Voraussetzung dafür, eine deutschlandweite Bundesliga zu gründen, ist lediglich, dass sich die Auswärtsfahrten organisieren lassen und dass sich der Sport als Team betreiben lässt. Bei Disziplinen, die eigentlich allein bestritten werden, muss dafür getrickst werden. Man kann mehrere Einzelmatches ansetzen und die Zahl der Siege vergleichen — wie beim Tennis, Boule oder Judo. Oder man addiert die Einzelleistungen — wie beim Triathlon oder beim Turnen. Oder man zählt einfach nur die besten Leistungen und ignoriert den Rest. So passiert es beim Segelflug, wo nur die drei schnellsten Flüge des Tages zählen. Die Bundesliga hier funktioniert übrigens dezentral: Alle Mannschaften fliegen zuhause und protokollieren ihre Ergebnisse später im Internet. Noch digitaler geht es beim Brettspiel Go zu: Hier treffen sich die Bundesligisten online.

STOLZE BERLINER ZWEITLIGISTEN

SPORT	♀ ♂	Verein
GEWICHTHEBEN	♂	Berliner Turn- und Sportclub e. V.
JUDO	♂	Erster Berliner Judo-Club 1922
MINIGOLF	♂	Tempelhofer MV
SCHACH	♂	Schachfreunde Berlin
SCHACH	♀	Rotation Pankow
TENNIS	♂	LTTC „Rot-Weiß"
TISCHTENNIS	♂	Hertha BSC Berlin
TURNEN	♀	TSG Steglitz
SKATERHOCKEY	♂	Red Devils Berlin
SKATERHOCKEY	♀	Spreewölfe Berlin

AMERICAN FOOTBALL ♂
- Berlin Adler — Klub
- MAI–OKT. — Saison
- POSTSTADION — Heimstatt

RUGBY ♂
- Berliner Rugby Club
- SEPT.–JUNI
- SPORTPLATZ JUNGFERNHEIDE

BOULE (PÉTANQUE) ♀♂
- Boule Devant Berlin
- APRIL–SEPT.
- BOULEPLATZ ZILLESTRAßE

RUDERN ♀♂
- Ruder-Union Arkona
- AUG.–SEPT.
- HAVEL/SCHARFE LANKE

AMERICAN FOOTBALL ♂
- Berlin Rebels
- MAI–OKT.
- MOMMSENSTADION

FAUSTBALL ♂
- Verein für Körperkultur 1901
- MAI–JUNI
- SPORTPLATZ AM MAIKÄFERPFAD

GOLF ♀♂
- Golf- und Land-Club Wannsee
- MAI–AUG.
- GOLF- UND LAND-CLUB BERLIN-WANNSEE

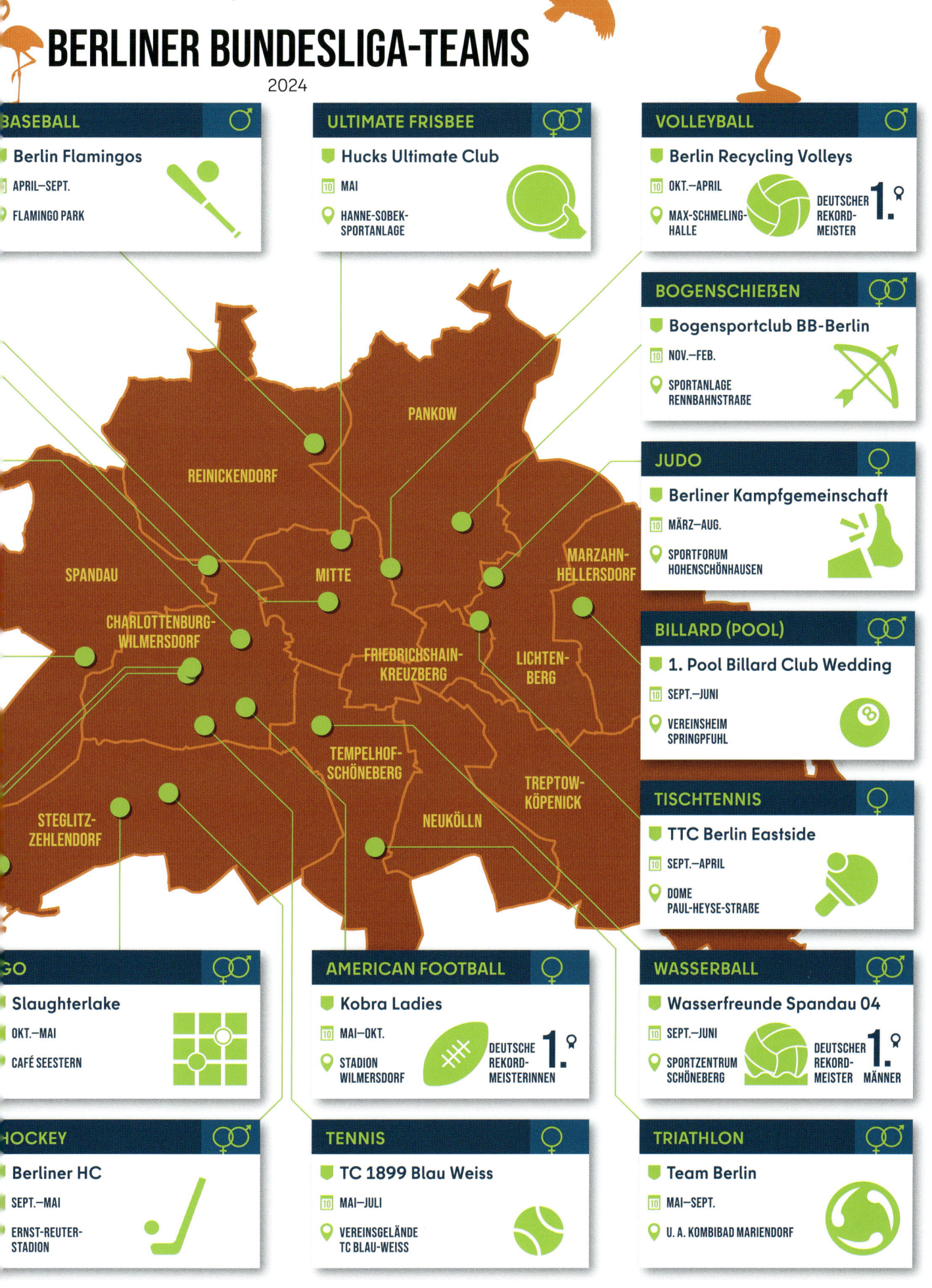

EVENTKULTUR

IRJEND-WAT IS IMMA!

Die Wikipedia-Seite zum Thema „Feste und Brauchtum in Berlin" ist eher übersichtlich: Es gibt einen Eintrag zum „Berliner Karneval" (der es nun wirklich schwer hat in dieser Stadt) und einen zum „Weihnachtssingen des 1. FC Union" (was tatsächlich zu einem Großevent geworden ist in den letzten Jahren). Das war es dann schon. Und es stimmt ja auch: Es gibt hier wenig Brauchtum und Folklore — keine großen närrischen Umzüge, keine nennenswerten Schützenfeste. Man verkleidet sich selten und Uniformen werden auch gemieden.

Trotzdem gibt es viele Großveranstaltungen, die zur Tradition geworden sind in den letzten Jahrzehnten und Jahrhunderten. Tatsächlich hat sich eine Art Rahmenterminplan herausgebildet — mit vielen Dutzend Festen und Events, die jährlich stattfinden und die so vielfältig sind wie die Stadt selbst. Viele kosten natürlich Eintritt, viele aber auch nicht. Einige Kuriositäten sind auch darunter: zum Beispiel das zweitägige Sechstagerennen im Velodrom oder das karfreitägliche Anbaden im Strandbad Wannsee.

JANUAR

GRÜNE WOCHE
Landwirtschaftsmesse
3. Freitag | Dauer: 10 Tage
Ort: Messe Berlin

WIR-HABEN-ES-SATT-DEMO
Demonstration gegen industrielle Landwirtschaft
3. Samstag
Ort: Regierungsviertel

SECHSTAGERENNEN
Radrennen mit Kulturprogramm
Letztes WE | Dauer: 2 Tage
Ort: Velodrom

FEBRUAR

BERLINALE
Filmfestival
2. oder 3. Donnerstag
Dauer: 11 Tage
Ort: Theater am Potsdamer Platz + Berliner Kinos

VALENTINSLAUF
Volkslauf für Paare
1. Sonntag nach dem Valentinstag
Ort: Gärten der Welt in Marzahn

MÄRZ

ITB
Weltgrößte Tourismusmesse
1. Dienstag | Dauer: 3 Tage
Ort: Messe Berlin

SAISONSTART DER PARKEISENBAHN
Schmalspurbahn, betrieben von Kindern und Jugendlichen
Samstag Mitte März
Ort: Wuhlheide

MÄRKISCHES WINTERAUSTREIBEN
Frühlingsfest f. Kinder mit Musikumz
3. oder 4. Samstag
Ort: Museumsdorf Düppel, Zehlend

APRIL

ANBADEN IM WANNSEE
Offizieller Beginn der Freibadsaiso
Karfreitag | Ort: Strandbad Wannse

MAI

THEATERTREFFEN
10 bemerkenswerte Aufführungen aus dem deutschsprachigen Raum
1. oder 2. Donnerstag oder Freitag
Dauer: 2½ Wochen
Ort: Haus der Berliner Festspiele (u.

DFB-POKAL-FINALE
im Männerfußball
Samstag in der 2. Maihälfte
Ort: Olympiastadion

KARNEVAL DER KULTUREN
Interkulturelles Straßenfest mit Umzug (Sonntag)
Pfingstwochenende | Dauer: 4 Tage
Ort: Kreuzberg

JUNI

ADFC-FAHRRADSTERNFAHRT
Fahrrad-Demo für die Verkehrswe
1. Sonntag
Ort: 20 Routen zum Großen Stern

FÊTE DE LA MUSIQUE
Kostenlose Konzerte
21. Juni (Sommeranfang)
Ort: über die Stadt verteilt

BERLINS RAHMENTERMINPLAN

JULI

INTERNATIONALES DREHORGELFEST
Straßenfest der Leierkastenleute, mit Parade
1. WE | Dauer: 3 Tage
Ort: Kurfürstendamm

BERLIN FASHION WEEK
Präsentation von neuen Modekollektionen und weitere Events
einmal im Juli + einmal im Januar
Dauer: ca. 4 Tage
Ort: über die Stadt verteilt

CHRISTOPHER-STREET-DAY
Queere Party-Demo
Samstag Mitte Juli
Ort: von Kreuzberg zum Großen Stern

AUGUST

DEUTSCHES TRABER-DERBY
Höchstdotiertes Trabrennen Deutschlands
1. Sonntag
Ort: Trabrennbahn Mariendorf

BUNDESREGIERUNG: TAG DER OFFENEN TÜR
Sichttermin für die Politprominenz
WE Ende August | Dauer: 2 Tage
Ort: Kanzleramt + Ministerien

LANGE NACHT DER MUSEEN
Museumsbesuche bis 2 Uhr nachts
1. Samstag
Ort: 75 Museen in Berlin

MUSIKFEST
Internationales Orchesterfestival
letzter oder vorletzter Samstag
Dauer: 3½ Wochen
Ort: Philharmonie

SEPTEMBER

IFA
Weltgrößte Messe für Unterhaltungselektronik
1. Freitag | Dauer: 5 Tage
Ort: Messe Berlin

ISTAF
Internationales Leichtathletik-Meeting
1. Sonntag | Ort: Olympiastadion

POLIZEI BERLIN: TAG DER OFFENEN TÜR
mit Ausstellung von Fahrzeugen, Hubschraubern und Booten
2. oder 3. Sonntag
Ort: Polizeigelände Ruhleben

HERBSTRUMMEL
Kirmes mit 70 Fahrgeschäften
2. Septemberhälfte
Dauer: 3 Wochen
Ort: Zentraler Festplatz im Wedding

STADT-UND-LAND-FESTIVAL DER RIESENDRACHEN
Familienfest mit Lenkdrachen
3. oder 4. Samstag
Ort: Tempelhofer Feld

BERLIN-MARATHON
Größter Marathon Deutschlands
Letzter Sonntag
Ort: Brandenburger Tor

OKTOBER

TAG DER OFFENEN MOSCHEE
Einblicke in den Islam
3. Oktober
Ort: über die Stadt verteilt

FESTIVAL OF LIGHTS
Lichtkunst-Fest
1. Freitag | Dauer: 10 Tage
Ort: über die Stadt verteilt

QUER DURCH BERLIN
Internationale Langstreckenregatta
1. oder 2. Samstag
Ort: Spree

NOVEMBER

JAZZFEST
Internationales Musikfest
Donnerstag vor dem 1. Sonntag
Dauer: 4 Tage
Ort: Haus der Berliner Festspiele (u. a.)

TAG DES KREMATORIUMS
mit kulturellem Rahmenprogramm
Totensonntag (d. h. letzter Sonntag vor dem 1. Advent)
Ort: Krematorium Baumschulenweg

WEIHNACHTSMÄRKTE
Mehr als 100 Weihnachtsmärkte
Montag vor dem 1. Advent
Dauer: 5 Wochen
Ort: über die Stadt verteilt

DEZEMBER

WEIHNACHTSSINGEN DES 1. FC UNION BERLIN
Chor mit 25.000 Stimmen
23. Dezember
Ort: Stadion Alte Försterei

SCHLAGERNACKTPARTY
Nicht-kommerzielle Tanzparty (Schuhe und Socken erlaubt)
Zwischen den Jahren
Ort: SchwuZ

CELEBRATE AT THE GATE – SILVESTERPARTY
mit Konzerten und zentralem Feuerwerk
31. Dezember
Ort: Brandenburger Tor

SAISONALE TRENDS

BERLIN GOOGELT

Gleich morgen melde ich mich im Fitnessstudio an, ist der Klassiker unter den guten Neujahrsvorsätzen. Und tatsächlich tippen die Menschen in Berlin den Begriff „Fitness" in der ersten Januarwoche um 50 Prozent häufiger in die Google-Suchmaschine ein als sonst. Wobei ein genauer Blick auf die Daten zeigt, dass das Interesse schon rund um Weihnachten zu steigen beginnt — also just dann, wenn man gemeinhin all das tut, was so gar nicht gut ist für den Körper.

Viele Dinge, mit denen wir uns beschäftigen, haben eindeutig eine Saison, sind also in manchen Monaten mehr von Interesse als in anderen. Die Verschönerung des Heims beispielsweise wird eher dann geplant, wenn es draußen kalt ist. Das Thema Urlaub ist eins für die erste Jahreshälfte. Nach Kuchenrezepten wird kurioserweise vor allem zu Ostern gesucht. Und Gedanken an das eigene Ableben scheinen einem in den trüben Januar- und Februarwochen eher zu kommen. Jedenfalls beschäftigen sich die Berliner|innen dann häufiger mit Patientenverfügungen und Testamenten.

Manchmal ist Google Trends durchaus entlarvend: Das Suchvolumen zum Begriff „Steuererklärung" explodiert immer im Herbst — in der allerletzten Woche vor der endgültigen Abgabefrist.

AUSSEHEN

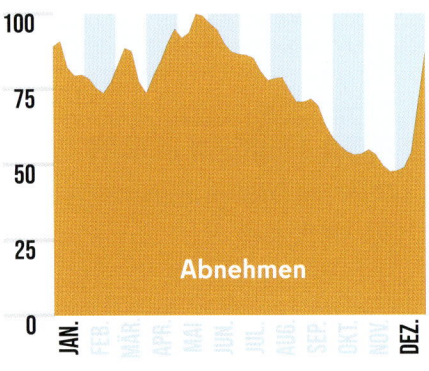 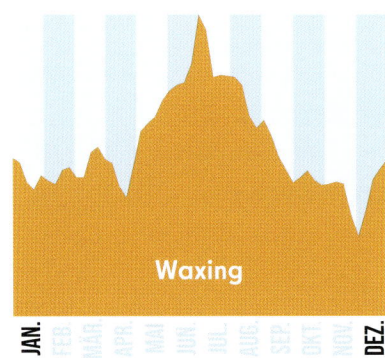 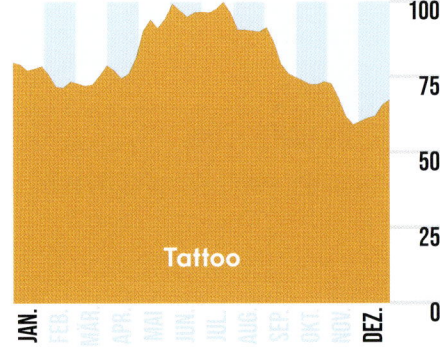

ESSEN

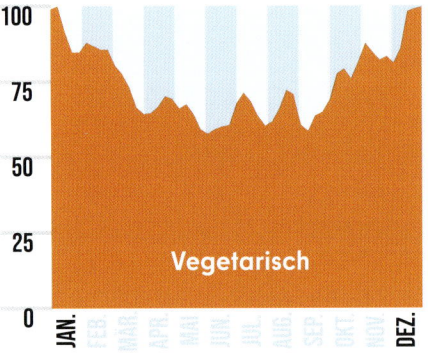 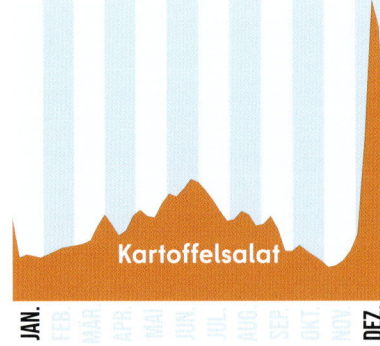 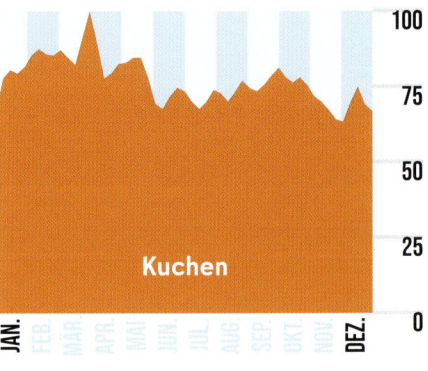

ERLEDIGUNGEN

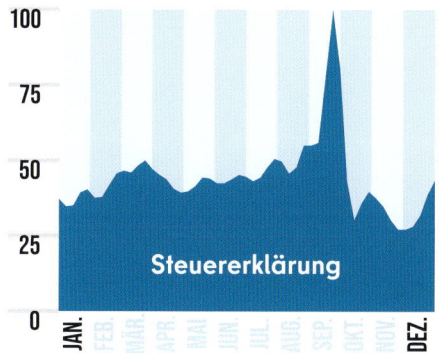
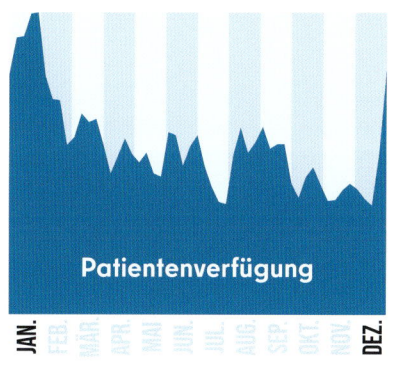
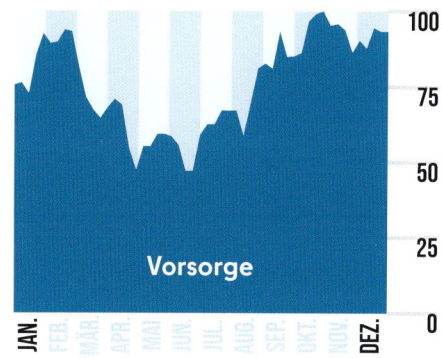

EVENTS

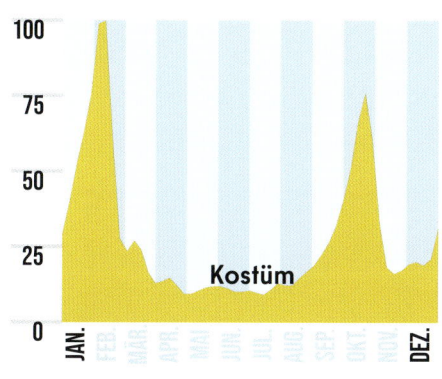
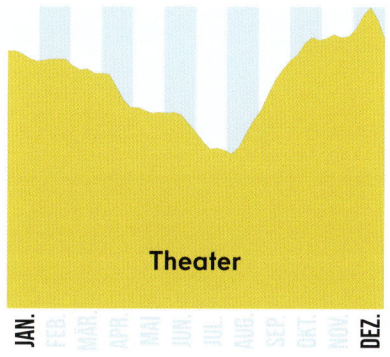
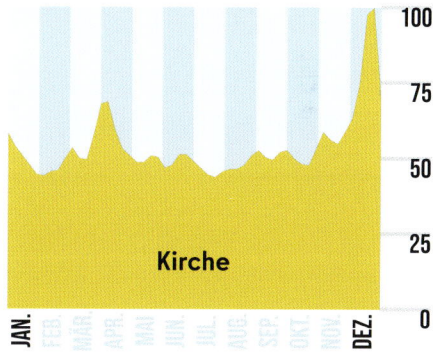

VERREISEN

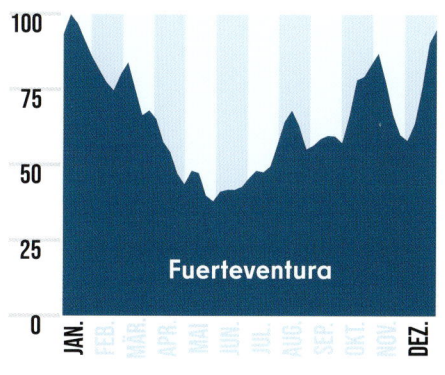
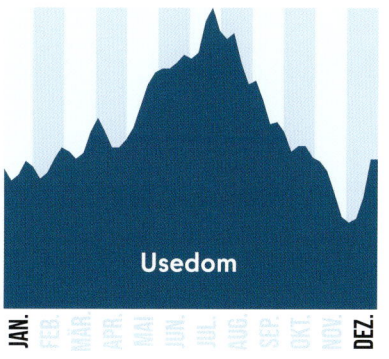

HEIMWERKEN

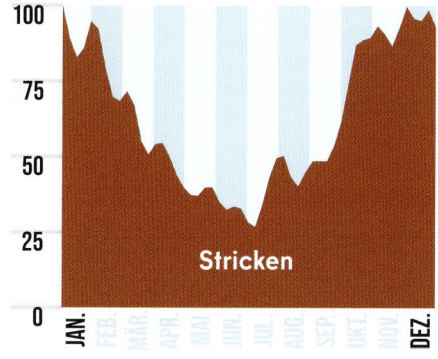
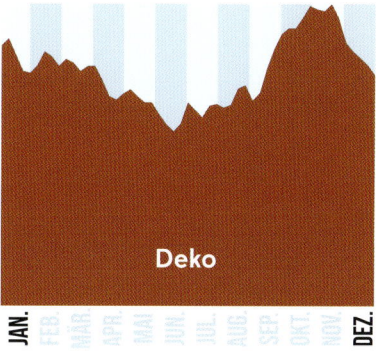

METHODIK

Google verrät nicht, wie oft ein Begriff genau gesucht wird, veröffentlicht aber relative Zahlen. Das Suchvolumen wird dann immer in Prozent des jeweils höchsten Wertes des ganzen Jahres angegeben. Beispiel: Nach dem Wort „abnehmen" haben die Berliner|innen in der vorletzten Maiwoche am häufigsten gesucht. Diese Woche bekommt dann den Wert 100, während alle anderen Werte in Prozent dieses Maximums angegeben werden. Die unterschiedlichen Kurven sind deshalb auch nicht miteinander vergleichbar. Um die Kurve etwas zu glätten, zeigen wir hier gleitende Drei-Wochen-Durchschnitte.

26,9 Hektar
Friedhof Bauschulenweg
Treptow-Köpenick

28,1 Hektar
Wilmersdorfer Waldfriedhof Stahnsdorf
Brandenburg

28,2 Hektar
Zentralfriedhof Friedrichsfelde
Lichtenberg

37,6 Hektar
Waldfriedhof Zehlendorf
Steglitz-Zehlendorf

39,0 Hektar
Jüdischer Friedhof Weißensee
Pankow

60,0 Hektar
Friedhof „In den Kisseln"
Spandau

206,0 Hektar
Südwestkirchhof Stahnsdorf
Brandenburg

Rund 11 km² groß sind Berlins Friedhöfe insgesamt.

BERLINS PROMIFRIEDHÖFE

		Größe	Zahl der Ehrengräber*, darunter:
1	**Friedhof Heerstraße** Charlottenburg-Wilmersdorf	12,9 Hektar	**51** — Grethe Weiser (Schauspielerin), Loriot (Humorist), Joachim Ringelnatz (Schriftsteller)
2	**Waldfriedhof Zehlendorf** Steglitz-Zehlendorf	37,6 Hektar	**46** — Willy Brandt (Bundeskanzler), Hildegard Knef (Sängerin), Walter Scheel (Bundespräsident)
3	**Alter St. Matthäus-Kirchhof** Tempelhof-Schöneberg	4,9 Hektar	**44** — Brüder Grimm (Schriftsteller), Rio Reiser (Musiker), Carl Bolle (Molkerei-Magnat)
4	**Dorotheenstädtischer Friedhof** Mitte	1,7 Hektar	**43** — Bertolt Brecht (Dramatiker), Helene Weigel (Intendantin), Johannes Rau (Bundespräsident)
5	**Waldfriedhof Dahlem** Steglitz-Zehlendorf	7,4 Hektar	**35** — Marie-Elisabeth Lüders (Frauenrechtlerin), Harald Juhnke (Entertainer), Richard von Weizsäcker (Bundespräsident)

BERLINS FRIEDHÖFE

VIEL PLATZ FÜR DIE LETZTE REISE

Keine andere Stadt in Europa hat mehr Friedhöfe als Berlin. Insgesamt sind es mehr als 220. Dass die Zahl so hoch ist, liegt auch daran, dass einst so viele kleine Dörfer nach Berlin eingemeindet wurden — und mit ihnen die Friedhöfe neben den Dorfkirchen. Die meisten Anlagen sind tatsächlich sehr klein: 60 kommen nicht einmal auf einen Hektar Fläche.

Viele Friedhöfe sind heute beliebte Ausflugsziele. Wegen der berühmten Promis, die da liegen, wegen der tollen Natur und der himmlischen Ruhe — und wegen der vielen kunstvoll gestalteten Grabanlagen. Es ist durchaus ein Trend, wieder mehr Leben zu den Toten zu bringen. Die Friedhöfe sollen nicht mehr besondere Orte sein, die man meidet, sondern alltägliche, die man gerne aufsucht. Inzwischen gibt es in Berlin sogar Friedhöfe mit Cafés, mit Kunstausstellungen oder mit einem Spielplatz direkt daneben.

Weil die Menschen inzwischen länger leben — und sich am Ende fast alle in Urnen statt in Särgen begraben lassen, ist der Platzbedarf für Grabstellen enorm gesunken. Langfristig soll die Friedhofsfläche daher um mehr als ein Viertel reduziert werden. Viele Anlagen sollen dann in wilde Parks verwandelt, andere tatsächlich sogar bebaut werden.

> Der Südwestkirchhof kommt im Ranking der weltgrößten Friedhöfe auf Rang zehn. Er liegt zwar auf brandenburgischem Grund, wird aber von Berlin verwaltet. Über 100.000 Menschen fanden hier seit 1909 ihre letzte Ruhe.

ART DER BESTATTUNG

72 % Urne — **28 %** Sarg — **1991**

84 % Urne — **16 %** Sarg — **2022**

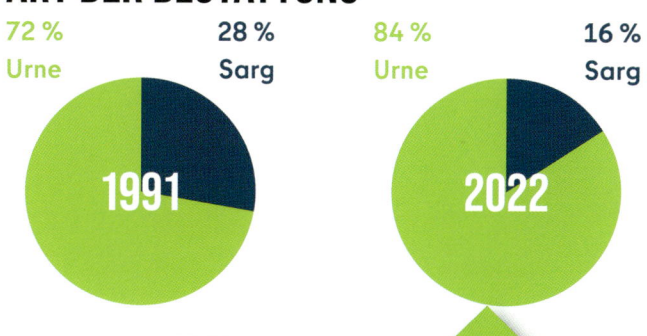

> In Deutschland insgesamt wurden 2022 rund 78 % aller Toten in Urnen bestattet.

FRIEDHÖFE NACH TRÄGERN

83 städtisch

119 evangelisch

9 katholisch

5 jüdisch

8 sonstige

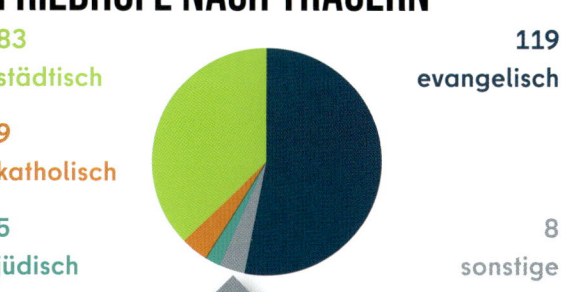

> Der 1866 errichtete türkische Friedhof in Neukölln ist die älteste muslimische Begräbnisstätte im Land.

> In einer Stadt mit so vielen Zugezogenen haben viele noch Heimatgefühle für andere Gegenden. **Im Saldo werden 14 % der Berliner Toten woanders bestattet.**

HERRENFUßBALL

WILDE KICKS IM KIEZ

Sich am Wochenende gemütlich ein Amateurspiel anzuschauen, hat in Berlin durchaus Tradition. Es ist ja auch einiges los: Öde Unentschieden gibt es von der Sechstklassigkeit abwärts kaum noch, dafür aber viel mehr Tore als im Profibereich. Unten in der Kreisliga sind es im Schnitt sogar fast sechs pro Spiel. Mit der „Fußball-Woche" existiert bis heute eine eigene Wochenzeitung nur für die Berliner Kick-Szene.

Und dennoch: Gemessen an der Größe der Stadt hat der Sport nicht die Bedeutung, die er eigentlich haben müsste. Im Ligabetrieb der Männer gibt es deutlich weniger Teams als anderswo. Selbst das dünn besiedelte Mecklenburg-Vorpommern hat mehr Acht-, Neunt- oder Zehntligisten. Sachsen und Brandenburg sowieso. Möglicherweise spielt ein Berliner Kuriosum eine Rolle: So wird in allen Ligen berlinweit gespielt, selbst in der Kreisliga C. Tritt die Zweite von Blau-Weiß Spandau gegen den 1. FC Marzahn an, müssen erst einmal 30 Kilometer gefahren werden.

Definitiv ist Berlin aber der Ort mit den kreativsten Vereinsnamen: Man findet Empor und Meteor, Sperber und Eiche. Oft wird schnell klar, wer den Clubs einst gegründet hat — etwa bei Polonia, Makkabi, Hellas oder Türkiyemspor. Lustigster Name: der Landesligist „Polar Pinguin" aus Schöneberg.

ZAHL DER TORE PRO SPIEL

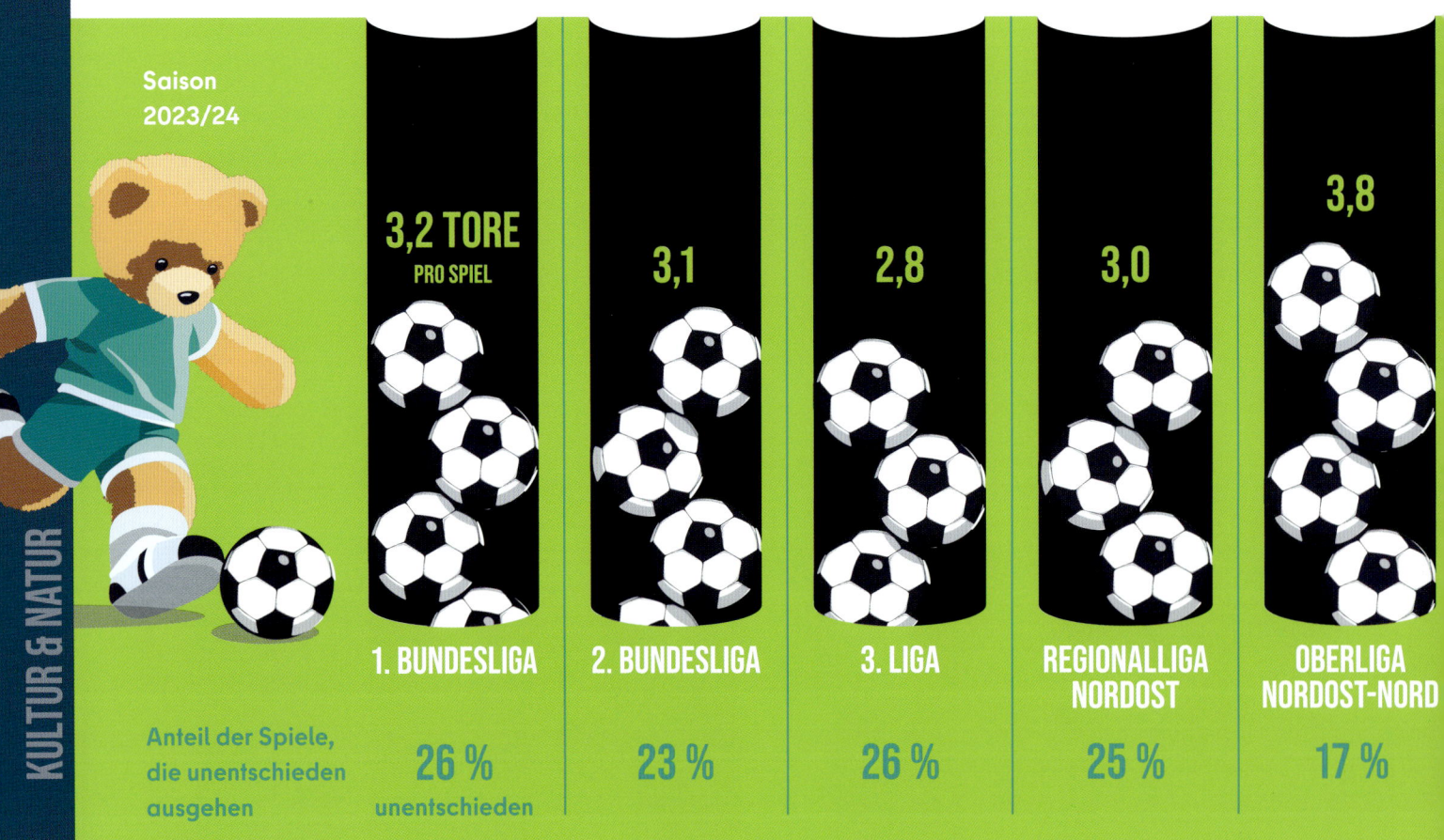

Saison 2023/24

	1. BUNDESLIGA	2. BUNDESLIGA	3. LIGA	REGIONALLIGA NORDOST	OBERLIGA NORDOST-NORD
Tore pro Spiel	3,2	3,1	2,8	3,0	3,8
Anteil der Spiele, die unentschieden ausgehen	26 %	23 %	26 %	25 %	17 %

ZAHL DER HERRENMANNSCHAFTEN IM LIGABETRIEB

Liga	BERLIN	BRANDENBURG
1. Liga	1	0
2.	1	0
3.	0	1
4.	5	2
5.	9	3
6.	18	17
7.	32	32
8.	48	64
9.	64	119
10.	75	207
11. + 12.	103	333

Frauenmannschaften gibt es deutlich weniger: In Berlin sind es 53, in Brandenburg gut 74 — und in Mecklenburg-Vorpommern 30.

In Brandenburg leben nur halb so viele Männer im fußballfähigen Alter* wie in Berlin, trotzdem gibt es hier mehr als doppelt so viele Herren-Fußballmannschaften im Ligabetrieb.

*18 bis 40 Jahre. Sorry, soll nicht diskriminierend klingen …

DIE WICHTIGSTEN BERLINER STADIEN

Stadion	Ortsteil	Kapazität	Verein	Liga
Olympiastadion	Westend	74.000	Hertha BSC	2.
Alte Försterei	Köpenick	22.000	Union Berlin	1.
Mommsenstadion*	Charlottenburg	12.000	Tennis Borussia	5.
Sportforum Berlin	Hohenschönhausen	12.000	BFC Dynamo	4.
Friedrich-Ludwig-Jahn-Sportpark*	Prenzlauer Berg	10.000	VSG Altglienicke	4.
Poststadion	Moabit	10.000	Berliner AK	5.
Hans-Zoschke-Stadion	Lichtenberg	10.000	SV Lichtenberg 47	5.
Volksparkstadion	Mariendorf	10.000	Blau-Weiß 90	5.

*aus Sicherheitsgründen reduziert

5,5 TORE PRO SPIEL

3,6
BERLIN-LIGA (VERBANDSLIGA)
21 %

3,9
LANDESLIGA
16 %

4,6
BEZIRKSLIGA
12 %

5,3
KREISLIGA A
14 %

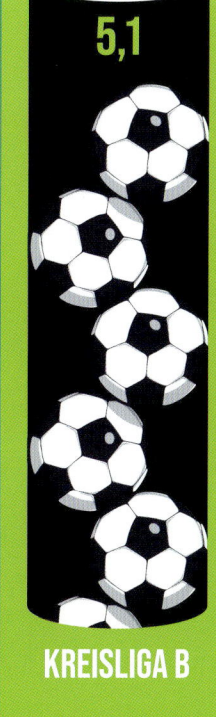
5,1
KREISLIGA B
11 %

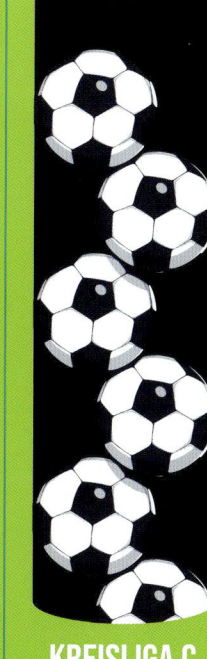
KREISLIGA C
11 % unentschieden

KULTUR & NATUR: DIES UND DAS

DAS FANDEN WIR AUCH

Während Köln und München in anderen Sprachen ganz anders klingende Namen haben (Colonia! Monaco!), heißt Berlin anderswo einfach nur

BERLIN

Allenfalls werden ein paar Buchstaben variiert. So zum Beispiel:

BERLÍN
auf Spanisch/Tschechisch

BERLIJN
auf Niederländisch

BERLIINI
auf Finnisch

Das Thema Berlin fasziniert Amerikas Filmindustrie seit jeher. Die Datenbank shotinberlin.de kommt auf mehr als

200 US-SPIELFILME MIT BERLIN-BEZUG

seit dem Jahr 1918. Besonders viele entstanden in den letzten Jahren.

---

13 STRANDBÄDER

hat Berlin. Die Menschen hier lieben dieses Konzept: Man ist in der Natur, hat aber einen direkten Zugang zu Getränken, Pommes, Toiletten und einer geschulten Aufsichtskraft (mit Trillerpfeife).

Berlin ist auch Deutschlands Museumshauptstadt.

9 VON 24 MUSEEN,

die mehr als eine halbe Million Gäste pro Jahr haben, befinden sich in Berlin.

Bei West-Berliner Telefonnummern konnte man früher an den ersten beiden Ziffern hinter der Vorwahl erkennen, in welchem Kiez jemand wohnte.

31   79

stand für   für
CHARLOTTENBURG   **STEGLITZ**

Das gilt heute nur noch für diejenigen, die ihre Nummer nie geändert haben.

NOCH INTERESSANT

Doch, doch, es gibt in Berlin sogar Karneval. Im Festkomitee sind immerhin

16 VEREINE

organisiert. „Berlin Heijo" heißt der Ausruf, eine Abkürzung für Heiterkeit und Jokus.

Überdurchschnittlich viel Alkohol wird in Berlin nicht getrunken. Allerdings ist der Kokain-Konsum hoch.

FAST 3.000 TATVERDÄCHTIGE

schnappte die Berliner Polizei zuletzt pro Jahr.

In Großstädten können Wildpflanzen zwar nicht optimal leben. Doch weil sie weitestgehend in Ruhe gelassen werden, ist der Artenreichtum enorm. Laut Gesamtartenliste kommt Berlin auf

FAST 1.300 UNTERSCHIEDLICHE SIPPEN

von Farn- und Blütenpflanzen.

100.000.000 LITER BERLINER WEIẞBIER

wurden im 19. Jahrhundert pro Jahr gebraut. Danach begann auch hier die leidige Verpilsung des Marktes. Heute trinkt man „Berliner Weiße" nur noch selten — und wenn dann gepanscht mit Waldmeister- oder Himbeersirup.

Berlins Klubszene ist ein Aushängeschild der Stadt. Laut Umfragen beträgt das durchschnittliche Alter der Gäste

30 JAHRE.

Rein rechnerisch kommen somit genauso viele 20- wie 40-Jährige zum Tanzen.

DEMOGRAFIE & SOZIALES

DEMOGRAFIE & SOZIALES

BERLINS SPECKGÜRTEL

BRANDENBURG RÜCKT RAN

BEVÖLKERUNG
Entwicklung 2011 bis 2022

- +10 bis +14 %
- +6 bis +10 %
- +2 bis +6 %
- −2 bis +2 %
- −6 bis −2 %
- −10 bis −14 %
- −14 bis −16 %

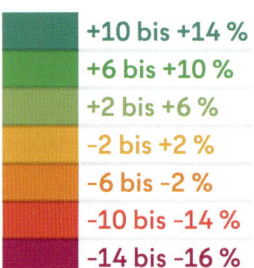

Berlin: +300.000
Brandenburg im Speckgürtel: +140.000
Brandenburg außerhalb: −60.000

Abstand zum Berliner Hauptbahnhof
- 0 KM
- 25 KM
- 50 KM
- 75 KM
- 100 KM
- 125 KM
- 150 KM

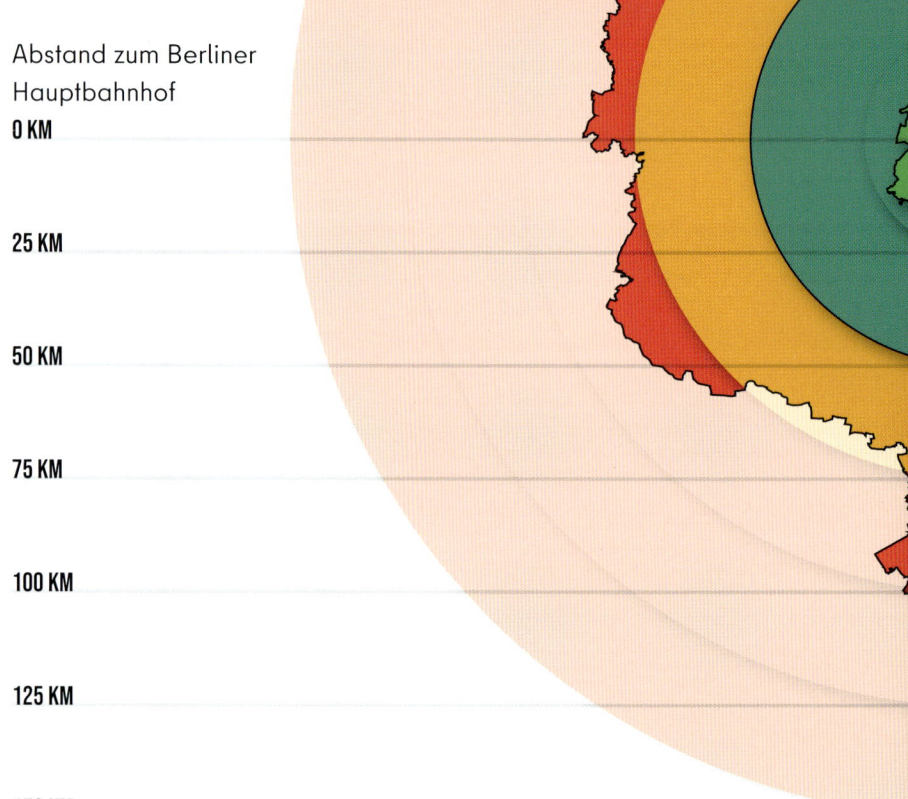

BRANDENBURG
Kommunen mit ...
- 🟩 ... wachsender Bevölkerung
- 🟥 ... schrumpfender Bevölkerung

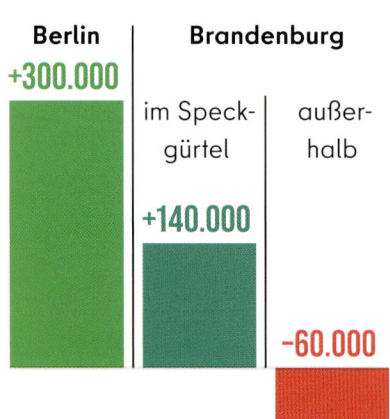

im Speckgürtel: 90 % / 10 %
außerhalb: 18 % / 82 %

2011 bis 2022

EINFAMILIENHÄUSER
Entwicklung zwischen 2011 und 2022

+14.000 Berlin

+48.000 Speckgürtel

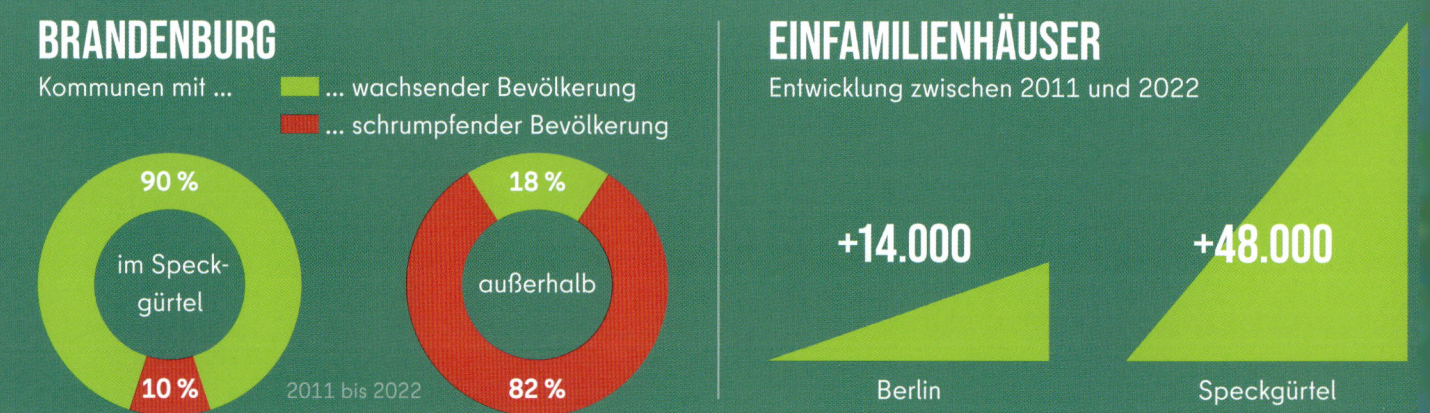

Jahr für Jahr ziehen mehr als 30.000 Menschen raus aus Berlin, hinter die Stadtgrenze, in den Speckgürtel. Wirklich wertschätzend ist dieser Begriff ja nicht. Und trotzdem ist es ein passendes Sprachbild, schließlich sammelt sich um die Metropolen herum meist viel Wohlstand. So auch in den brandenburgischen Umlandgemeinden: In den 2010er Jahren sind hier viele neue Einfamilienhaussiedlungen entstanden — in Oberbarnim oder Bestensee zum Beispiel, in Borkwalde oder Wustermark. Also dort, wo man im Grünen wohnt, aber schnell in der Stadt ist. Inzwischen pendeln fast eine Viertelmillion Menschen zum Arbeiten von Brandenburg nach Berlin hinein.

Doch wo endet der Speckgürtel? Ziemlich genau dort, wo die Entfernung zum Berliner Zentrum die 50-Kilometer-Marke überschreitet. Jene Teile Brandenburgs, die weiter draußen liegen, stagnieren oder schrumpfen. Fast alle Orte dagegen, die innerhalb des Kreises liegen, gewinnen Menschen hinzu. Früher lebte weniger als die Hälfte der brandenburgischen Bevölkerung innerhalb dieses Rings, heute ist es eine klare Mehrheit.

Die Wanderungsbewegungen haben Folgen: Während die demografische Alterung außerhalb des Gürtels voll zuschlägt, wird er im Inneren durch die Zuzüge gemildert.

SPECKGÜRTEL
Gebiete in Brandenburg, die höchstens 50 km Luftlinie vom Berliner Hauptbahnhof entfernt sind

> Jeder siebte Arbeitsplatz in Berlin gehört jemandem, der in Brandenburg wohnt. Im umgekehrten Fall? Jeder neunte Job.

60 PLUS
Anteil der Über-59-Jährigen an der Bevölkerung

Berlin	2011	25 %
	2022	25 %
Brandenburg im Speckgürtel	2011	26 %
	2022	31 %
außerhalb des Speckgürtels	2011	30 %
	2022	38 %

ARBEITNEHMER|INNEN

... in Brandenburg, die in Berlin wohnen: 77.000 (2013), 97.000 (2023)

... in Berlin, die in Brandenburg wohnen: 189.000 (2013), 240.000 (2023)

Nur sozialversicherungspflichtig Beschäftigte

SICHERHEIT

WENIGER TÖDLICHE GEFAHREN

−62 %
MORD & TOTSCHLAG
SEIT 1991

VERSUCHTER MORD/TOTSCHLAG
In diesen Fällen überlebt das Opfer.

VOLLENDETER MORD/TOTSCHLAG
In diesen Fällen stirbt das Opfer.

Die Aufklärungsquote liegt meist bei über 90 %.

1991 · 202 FÄLLE

1995 · 2000 · 2005 · 2010

DEMOGRAFIE & SOZIALES

Berlin ist auch Hauptstadt der Kriminalität. Rein rechnerisch begehen pro Jahr rund 14 Prozent der Bevölkerung eine Straftat. Abgesehen von Frankfurt am Main ist diese Quote in keiner deutschen Großstadt so hoch. Im Schnitt registriert die Berliner Polizei alle 20 Minuten einen Fahrraddiebstahl und alle 70 Minuten einen Autoklau.

Dennoch: Im Langfristvergleich geht die Kriminalität zurück. Ende der 1990er Jahre etwa lag die Kriminalitätsquote noch bei 17 Prozent. Vor allem aber sind viele Gefahren für Leib und Leben heute geringer ausgeprägt: Während die Polizei in den 1990er Jahren rund 250 Fälle von Mord und Totschlag pro Jahr registrierte, von denen über 100 tatsächlich mit dem Tod des Opfers endeten, sind es heute weniger als halb so viele. Und das, obwohl in Berlin jetzt viel mehr Menschen leben.

Nicht nur die Kriminalität ist weniger tödlich: Auch Brände und Unfälle kosten weniger Leben als früher. Gerade die Sicherheit im Straßenverkehr hat sich massiv verbessert. Während es 1971 — allein in West-Berlin — noch 413 tödliche Unfälle gab, sind es heute — im wiedervereinigten Berlin — pro Jahr meist weniger als 50. Doch besser heißt noch nicht gut, das Ziel bleibt null.

2020   2023   77 FÄLLE

−20 %
SELBSTMORDFÄLLE
SEIT 1991

1991   561 FÄLLE   2022   447 FÄLLE

Um die seelische Gesundheit ist es nicht gut bestellt, zeigen Untersuchungen. Aber zum Alleräußersten greifen heute weniger Menschen als früher.

−83 %
TOTE DURCH AUTOUNFÄLLE
SEIT 1991

Verkehrsberuhigungen und Tempo-30-Zonen haben die Sicherheit erhöht, ebenso Airbags, Antiblockiersysteme, Gurtstraffer und strengere Alkoholvorschriften.

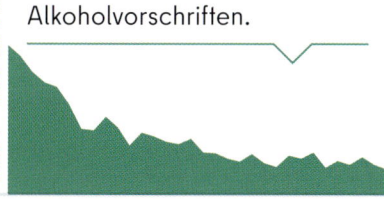

1991   198 OPFER   2023   33 OPFER

−90 %
TODESFÄLLE DURCH AIDS/HIV
SEIT 1991

Rund 12.000 Menschen mit HIV leben in Berlin. Pro Jahr gibt es etwa 200 neue Fälle.

1991   277 OPFER   2022   27 OPFER

−66 %
TODESOPFER BEI BRÄNDEN
SEIT 1997

In der Nachwendezeit mussten die Berliner Feuerwehren meist 13.000 Mal pro Jahr wegen Bränden ausrücken — heute etwa 10.000 Mal.

1997   47 OPFER   2021   16 OPFER

INTERNATIONALES BERLIN

STADT MIT MIGRATIONS- HINTERGRUND

> Bis heute ist West-Berlin, wo 45 % der Menschen einen Migrationshintergrund haben, migrantischer als Ost-Berlin (32 %)

Es war ein regelrechter Internationalisierungsschub, den Berlin zuletzt erlebt hat. Die Stadt, die so lange eingemauert war, hat Zehntausende Menschen aus dem Ausland angelockt: Sie war geheimnisvoll und hipp und versprach allerlei Abenteuer. Sie wurde wieder Hauptstadt, was Jobs brachte. Und sie lag im Zentrum der Fluchtrouten, auf denen so viele dem Krieg zu entkommen versuchten.

Seit 2007 ist die Bevölkerung, die keinen Migrationshintergrund hat, um 170.000 gesunken — auf gut 2,3 Millionen. Die Gruppe der Menschen mit Migrationshintergrund dagegen ist um 700.000 angewachsen. Hierzu zählen Menschen, die keine deutsche Staatsangehörigkeit haben — oder zusätzlich dazu noch eine andere. Hinzu kommen die, die im Ausland geboren wurden, sowie Kinder von Eltern, die keinen deutschen Pass haben. Die mit Abstand größte Community ist immer noch die türkischstämmige.

Wenn man so will, holt Berlin gerade die Internationalisierung nach, die andere Hauptstädte längst erlebt haben. Noch sind Paris, London und Brüssel aber vielfältiger als Berlin.

MELTING POT

Deutsche: ohne bzw. mit Migrationshintergrund | **Ausländer|innen**

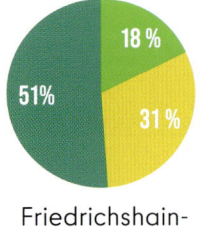
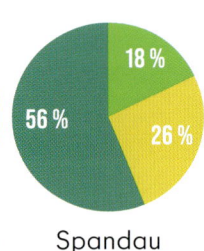
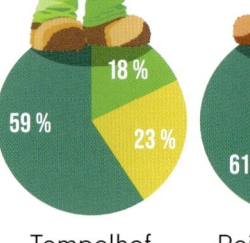

Mitte	Neukölln	Friedrichshain-Kreuzberg	Charlottenburg-Wilmersdorf	Spandau	Tempelhof-Schöneberg	Reinickendorf
43 % / 20 % / 37 %	50 % / 22 % / 28 %	51 % / 18 % / 31 %	55 % / 18 % / 27 %	56 % / 18 % / 26 %	59 % / 18 % / 23 %	61 % / 17 % / 22 %

MIGRATIONSHINTERGRÜNDE

Die jeweils meistvertretenen Gruppen unter den Einwohner|innen mit Migrationshintergrund

TOP 3 nach Bezirken

BERLIN INSGESAMT
davon: ☐ Deutsche Staatsangehörige

	Land	Anzahl
	Türkei	188.000
	Polen	108.000
	Ukraine	71.000
	Russland	71.000
	Syrien	56.000
	Italien	43.000
	Bulgarien	39.000
	Vietnam	38.000
	Rumänien	34.000
	USA	33.000
	Libanon	32.000
	Serbien	30.000
	Frankreich	30.000
	Großbritannien	25.000
	Iran	23.000

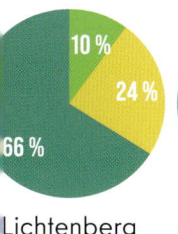
Lichtenberg
66 % / 10 % / 24 %

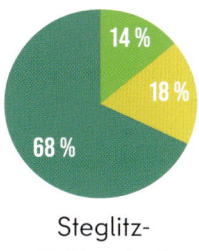
Steglitz-Zehlendorf
68 % / 14 % / 18 %

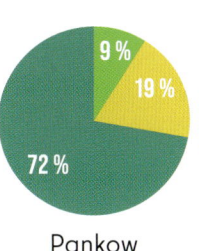
Pankow
72 % / 9 % / 19 %

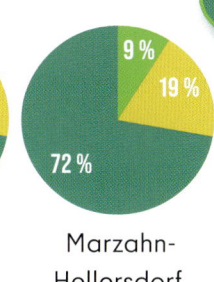
Marzahn-Hellersdorf
72 % / 9 % / 19 %

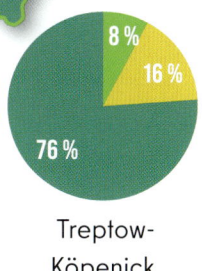
Treptow-Köpenick
76 % / 8 % / 16 %

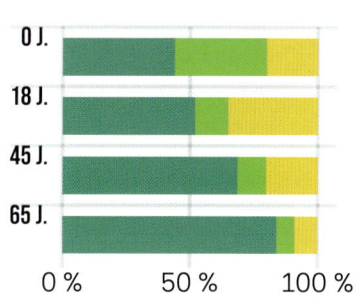
Aufteilung nach Alter
0 J. / 18 J. / 45 J. / 65 J.
0 % – 50 % – 100 %

ENGAGEMENT UND EHRENAMT

FREI UND UNGEBUNDEN

Berlin hat schon immer viele Menschen angelockt, die eher individualistisch drauf sind — und nicht unbedingt Teil von etwas großem Ganzen sein möchten. Das merkt man auch daran, dass sich die Berliner|innen eher selten in Großorganisationen einbringen. Während in Bayern laut Freiwilligensurvey fast die Hälfte der Bevölkerung Mitglied in einem Verein oder in einer gemeinnützigen Organisation ist, liegt dieser Anteil in Berlin bei weniger als einem Drittel — Minusrekord! Feste Strukturen, die die Menschen zu einer Gemeinschaft zusammenkitten, haben es hier schwer. Das gilt für die Kirchen genauso wie für Gewerkschaften und freiwillige Feuerwehren.

Das bedeutet aber nicht, dass sich die Leute hier nicht engagieren: Die Quote derer, die ehrenamtlich tätig sind, ist mit den Jahren gewachsen und schon fast so hoch wie im Bundesschnitt. Doch findet das Engagement eben oft in selbst gegründeten Initiativen statt.

Ein Sonderfall sind ausgerechnet die Parteien. Tatsächlich ereignete sich in Berlin zwischenzeitlich eine gewisse Repolitisierung, die es in Deutschland sonst nicht gab: Seit 2015 ist die Zahl der Parteimitglieder in der Hauptstadt um rund 10.000 Mitglieder gestiegen. Ihr Anteil an der Bevölkerung ist heute höher als im Bundesschnitt.

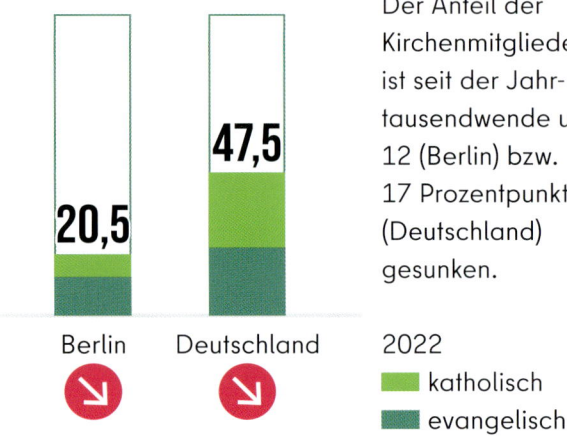

... MITGLIED DER KIRCHEN

Der Anteil der Kirchenmitglieder ist seit der Jahrtausendwende um 12 (Berlin) bzw. 17 Prozentpunkte (Deutschland) gesunken.

2022
- katholisch
- evangelisch

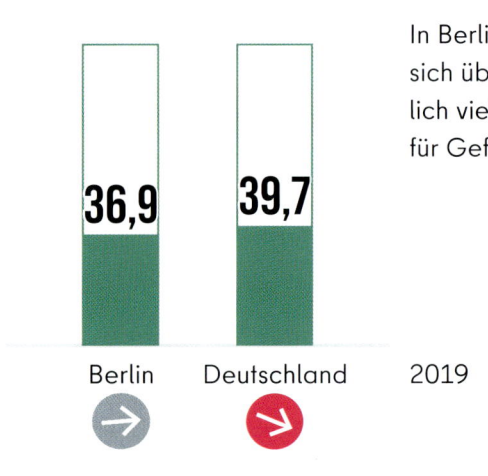

... EHRENAMTLICH TÄTIG

In Berlin engagieren sich überdurchschnittlich viele Menschen für Geflüchtete.

2019

EHRENAMTLER|INNEN
In welchen Einrichtungen sie sich engagieren, in Prozent

- selbst organisiert/sonst.
- Verein
- religiös
- staatlich/kommunal

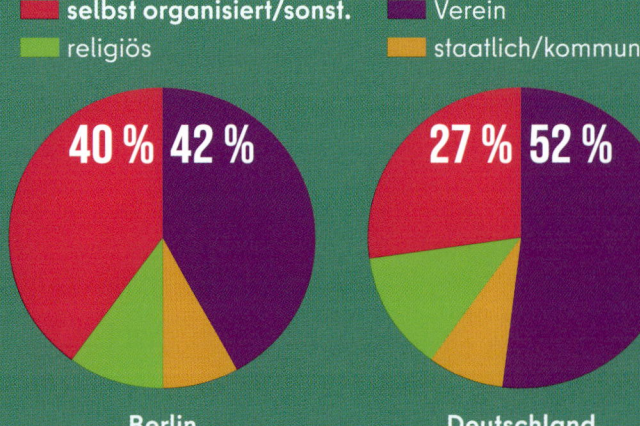

VON 100 MENSCHEN SIND ...

In Bayern kommen auf 100 Menschen sogar fast 12 Fußballer|innen. Doch die Berliner Vereine holen auf — und gewinnen Jahr für Jahr Aktive hinzu.

2023
Tendenz: leicht steigend

... MITGLIED EINES FUßBALLVEREINS

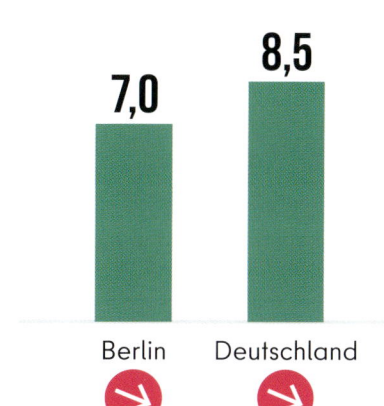

In Ostdeutschland ist heute kaum noch jemand in einer Gewerkschaft. Zu DDR-Zeiten waren praktisch alle Gewerkschaftsmitglied.

2023

... MITGLIED EINER GEWERKSCHAFT

Mit gut 18.000 Mitgliedern ist die SPD die größte Partei Berlins. Es folgen die Grünen (13.000) und die CDU (12.000).

2023

... MITGLIED EINER PARTEI

Gemessen an der Bevölkerung gibt es in Bayern die meisten Schützenvereinsmitglieder — und in Berlin die wenigsten.

2023

... IM SCHÜTZENVEREIN

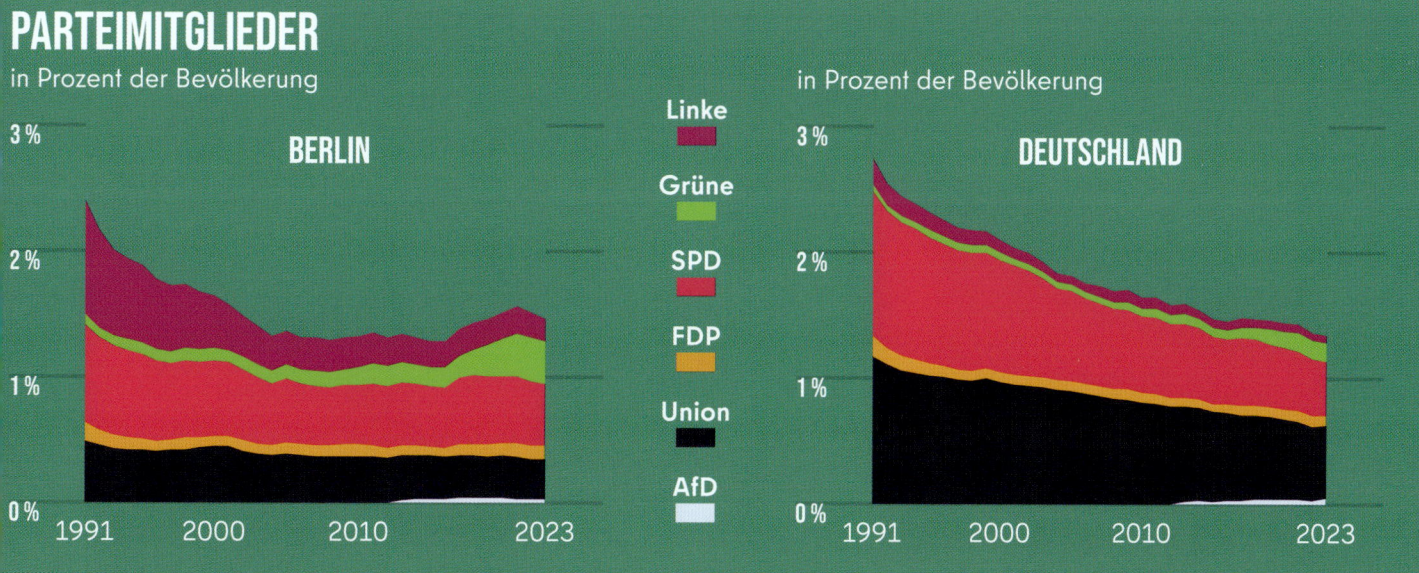

PARTEIMITGLIEDER
in Prozent der Bevölkerung

BERLIN / DEUTSCHLAND

Linke · Grüne · SPD · FDP · Union · AfD

ÖFFNUNGSZEITEN DER KITAS
OST-BERLIN STEHT FRÜHER AUF

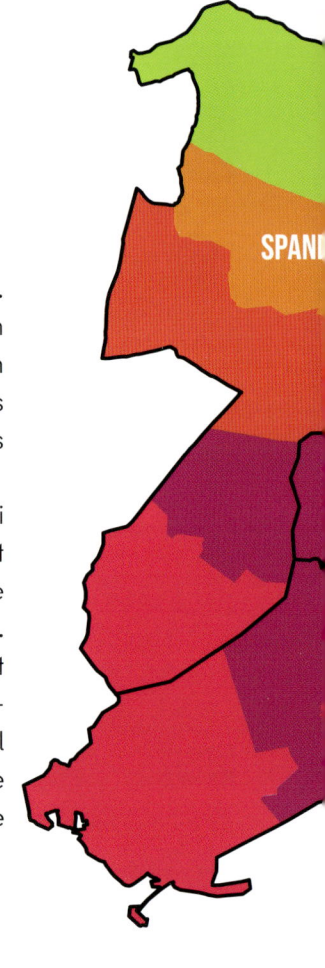

Kinder schon im Alter von wenigen Monaten in die Kita zu geben, war in der DDR üblich, in Westdeutschland dagegen nicht. Und bis heute lassen sich die Auswirkungen solcher Traditionen an den Daten ablesen: Der Anteil der Kleinkinder, die in Kitas oder von Tagesmüttern und -vätern betreut werden, ist in den östlichen Bezirken Berlins auch heute noch höher. Und nicht nur das: Obendrein geht es hier morgens meist früher los. Ein Großteil der Kindertagesstätten macht bereits um 6 Uhr in der Frühe die Tore auf.

Wobei die Öffnungszeiten auch geografische Gründe haben: Viele, die außen wohnen, müssen zum Arbeiten ins Zentrum fahren — und das dauert nun einmal länger. In brandenburgischen Landkreisen, die an Berlin angrenzen, öffnen die Einrichtungen mitunter schon um 5:30 Uhr. Innerhalb des Berliner S-Bahn-Rings dagegen geht es selten vor 7 Uhr los.

Dass die Betreuungssituation in Berlin bei jungen Eltern so oft für Frust sorgt, ist verständlich — schließlich ist die Suche nach einem Kitaplatz meist sehr mühsam. Doch ganz fair ist der Ärger nicht: Die Stadt hat das Angebot nämlich in den zurückliegenden Jahren massiv ausgebaut: Die Zahl der Plätze wurde in nur 16 Jahren um die Hälfte ausgeweitet, das Personal wurde sogar verdoppelt.

VIEL MEHR KINDER ...
Zahl der Kinder, die Kitas besuchen

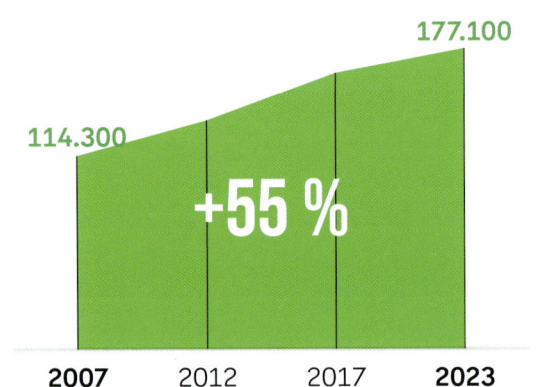

114.300 (2007) → 177.100 (2023) **+55 %**

2007 · 2012 · 2017 · 2023

Kitas inkl. Tagesmütter/-väter

... UND VIEL MEHR ERWACHSENE
Zahl der Erwachsenen, die in Kitas arbeiten

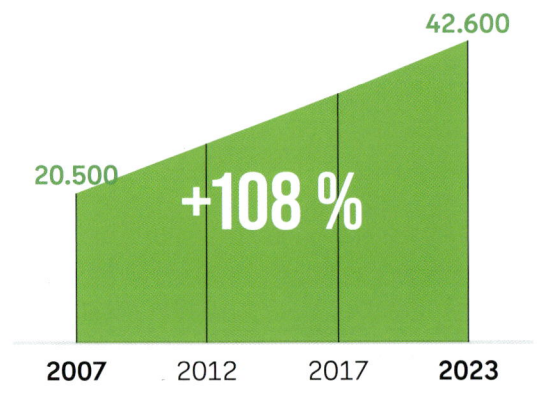

20.500 (2007) → 42.600 (2023) **+108 %**

2007 · 2012 · 2017 · 2023

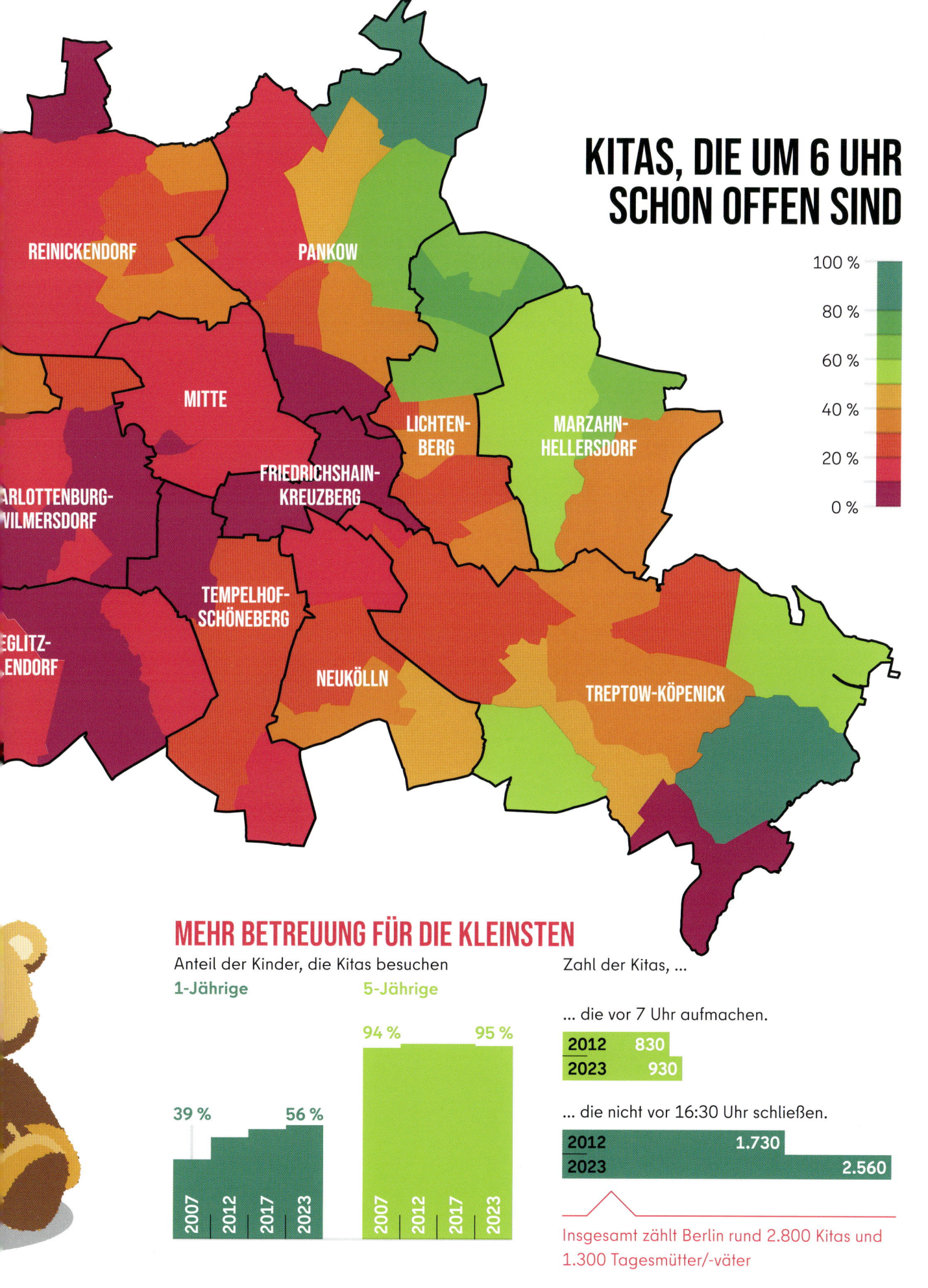

UNEHELICHE KINDER

FRÜHER SONDERFALL, HEUTE NORMAL

Statistikabteilungen arbeiten neutral. Es werden Daten gesammelt, zusammengefasst und aufbereitet — ohne politische Hintergedanken, ohne Ideologie. Doch so pauschal stimmt das nicht. Wer die Statistischen Jahrbücher der letzten 150 Jahre durchsieht, merkt, dass immer auch Wertvorstellungen durchschimmern. Und zwar daran, welche Sachverhalte besonders detailliert in den Fokus genommen werden. Ein Beispiel dafür ist die Ehe. In den Statistiken von heute finden sich zwar auch Zahlen zu Hochzeiten, Scheidungen, ehelich und unehelich Geborenen. Mehr aber auch nicht. Im späten 19. Jahrhundert dagegen gab es stets Dutzende Tabellen zu dem Thema — in allen erdenklichen Aufschlüsselungen. Damals war die Ehe eben noch die einzig wirklich denkbare Form des familiären Zusammenlebens. Manchmal war das Statistikamt sogar regelrecht garstig: In West-Berlin etwa wurden noch lange Zeit Zahlen veröffentlicht, wie viele Eltern bei der Geburt ihres Kindes kürzer als neun Monate verheiratet waren.

Wie sich Werte verschieben, zeigen die Statistiken aber auch. Die Ehe hat ihren Stellenwert als Standard mit der Zeit verloren, vor allem in Großstädten wie Berlin. Es wird weniger geheiratet. Und fast jedes zweite Kind kommt unehelich zur Welt.

Ambivalente Jahrhundertwendezeit: Die Menschen erkämpfen sich neue Freiheiten, auch für das Zusammenleben. Gleichzeitig herrschen Armut und Elend.

Die Quote der unehelichen Kinder lag in Berlin immer deutlich über dem deutschen Durchschnitt. Manchmal um die Hälfte höher, machmal auch doppelt so hoch.

LOCKERER OSTEN
unehelich Neugeborene in Prozent aller Neugeborenen

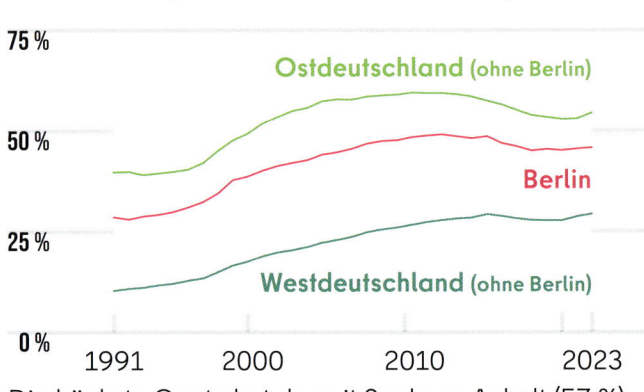

Die höchste Quote hat derzeit Sachsen-Anhalt (57 %), die niedrigste Baden-Württemberg (25 %).

UNEHELICH NEUGEBORENE

Anteil an allen Neugeborenen in Berlin

Ab 2011 sind die unehelichen Neugeborenen in Berlin sogar kurz in der Mehrheit.
Uneheliche Kinder entsprechen nicht dem Ideal des Nationalsozialismus. Im Krieg steigt die Quote aber wieder.
Lesebeispiel: 1913 hatten 23 % der Berliner Babys keine verheirateten Eltern.
Weil das Heiraten in der DDR noch weniger en vogue ist, springt die Quote in der wiedervereinigten Stadt hoch.
In den konservativen 60ern ist die Ehe wieder das Maß aller Dinge, zumindest im Westen der Stadt.
Weimarer Republik
National-sozialismus
West-Berlin (BRD)
Gesamt-Berlin (BRD)
60 %
50 %
40 %
30 %
20 %
10 %
0 %
1920
1930
1940
1950
1960
1970
1980
1990
2000
2010
2023

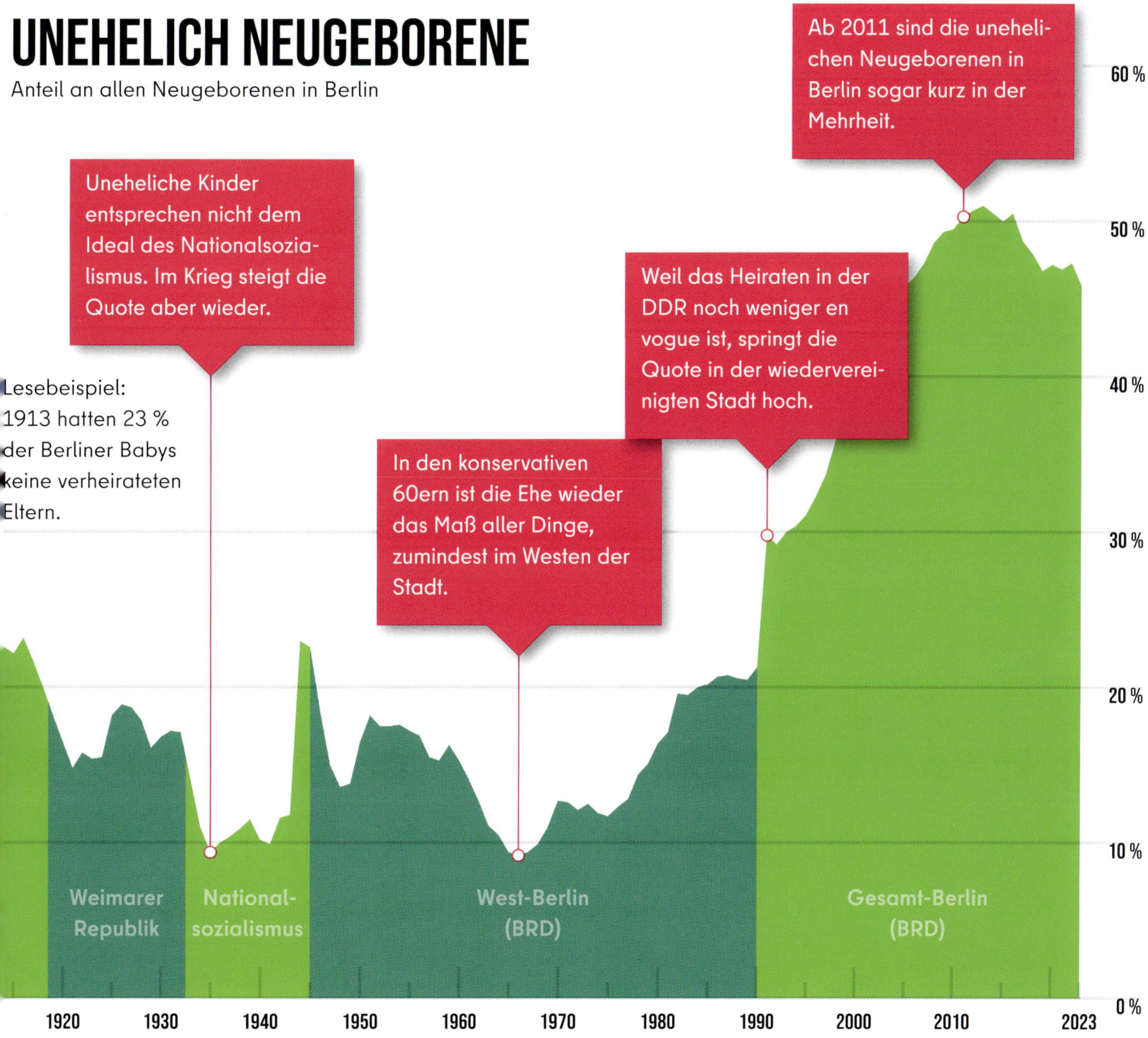

SCHNELL NOCH HEIRATEN

West-Berlin: Zahl der Neugeborenen, deren Eltern …

… seit weniger als 9 Monaten verheiratet sind.
… nicht verheiratet sind.
4.550
3.300
2.650
1.700
2.550
3.050
1960 1970 1980
1960 1970 1980

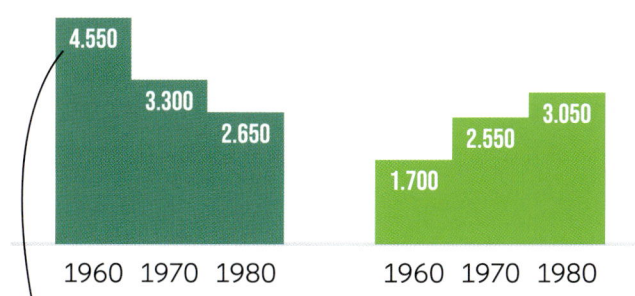

Das entsprach 25 % aller ehelich geborenen Kinder.

JA, ICH WILL (NICHT MEHR)

Hochzeiten
Scheidungen
50.000
40.000
30.000
20.000
10.000
0
1930
1960
1991
2022

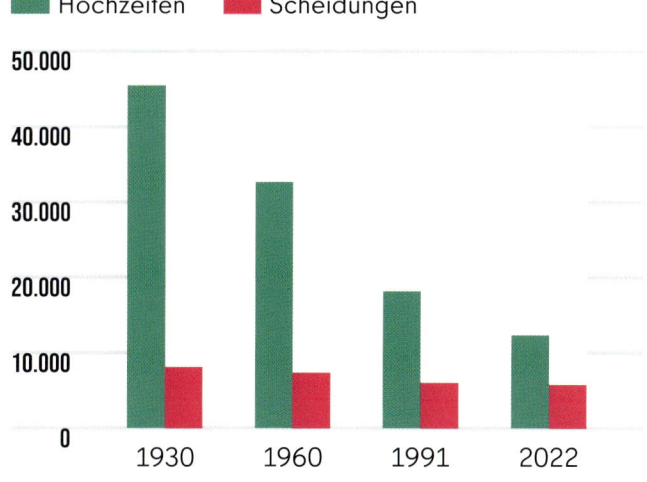

MEDIZINISCHE VERSORGUNG

HOHE DOC-DICHTE IN CHARLOTTENBURG

ÄRZT|INNEN

exkl. Psycholog|innen | inkl. Kinderärzt|innen

Sicher gibt es viel zu meckern. Dennoch: Die medizinische Versorgung in Berlin ist gut. Fast überall lässt sich in weniger als fünf Minuten ein Krankenhaus erreichen, wie das Statistische Bundesamt berechnet hat. Ambulante Termine, vor allem in fachärztlichen Praxen, sind zwar rar, gerade für Kassenmitglieder. Doch wer in die einschlägigen Terminbuchungs-Apps schaut, der findet schnell irgendwo einen — in einer HNO-Praxis oft am selben Tag, in urologischen immerhin innerhalb einer Woche. Allerdings muss man für einen schnellen Akuttermin oft weite Wege in Kauf nehmen — und Praxen besuchen, die man gar nicht kennt.

Tatsächlich ist das Angebot vor allem deshalb so breit, weil die Stadt so groß ist. Während niedergelassene Ärzt|innen in Deutschland rechnerisch für 800 Einwohner|innen zuständig sind, liegt die Quote in Berlin bei weniger als 700. Und es gibt enorme regionale Unterschiede: In den drei östlichsten Stadtbezirken ist die Quote viel schlechter als in den südwestlichen. Die mit Abstand meisten Praxen finden sich in Charlottenburg-Wilmersdorf.

Deutschlandweit ganz vorne dabei ist Berlin übrigens bei einer speziellen Fachrichtung: Bei den Psychotherapeut|innen.

AUFTEILUNG Niedergelassene Spezialist|innen

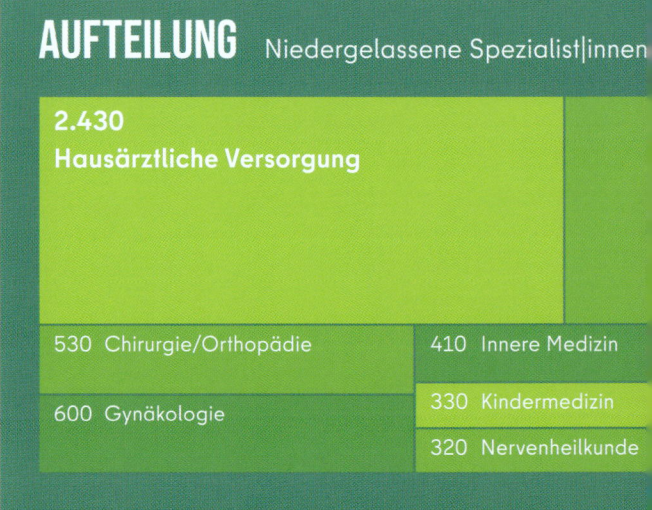

- 2.430 Hausärztliche Versorgung
- 530 Chirurgie/Orthopädie
- 600 Gynäkologie
- 410 Innere Medizin
- 330 Kindermedizin
- 320 Nervenheilkunde

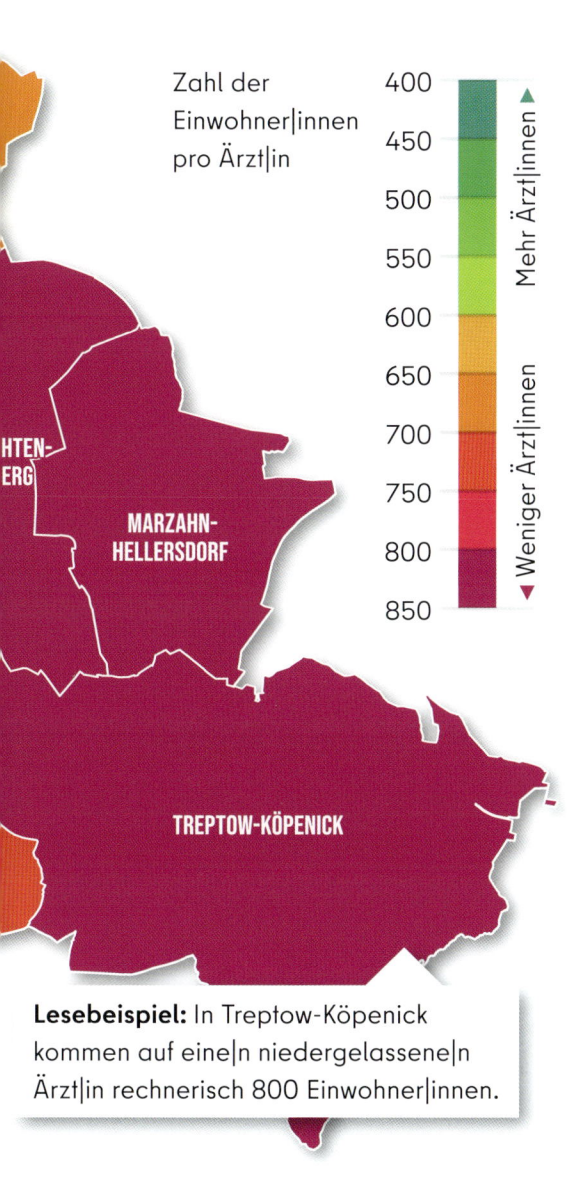
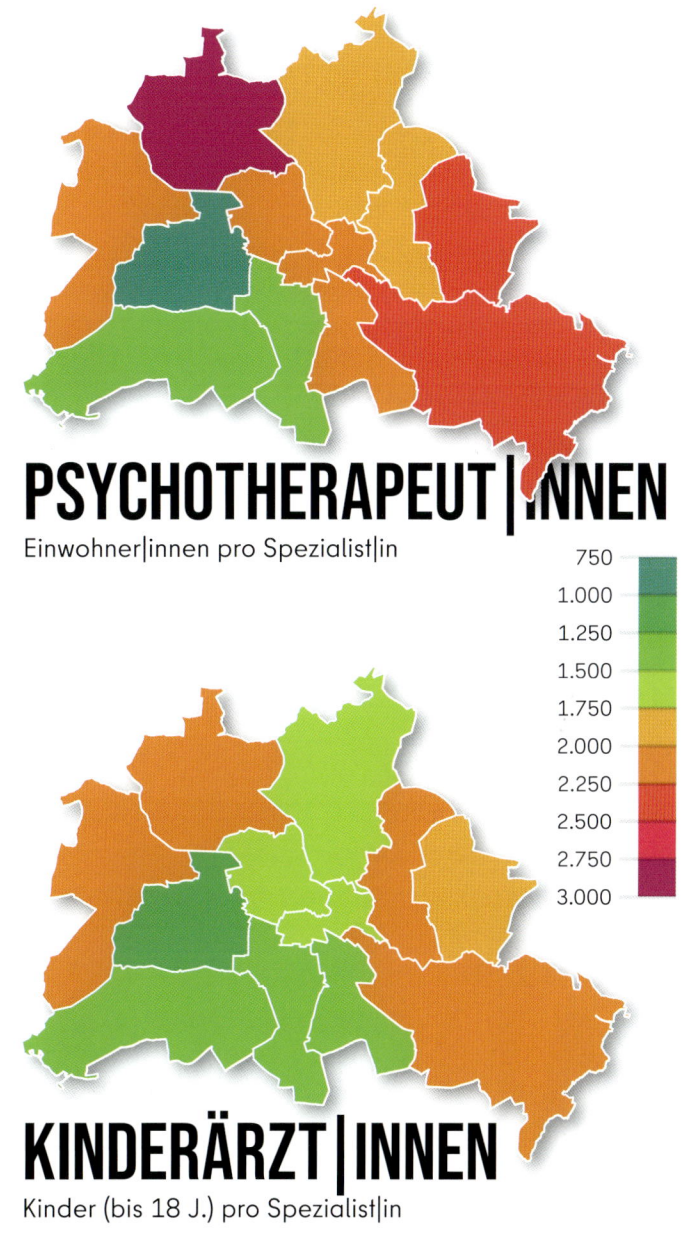

Zahl der Einwohner|innen pro Ärzt|in

400 / 450 / 500 / 550 / 600 / 650 / 700 / 750 / 800 / 850

▲ Mehr Ärzt|innen
▼ Weniger Ärzt|innen

PSYCHOTHERAPEUT|INNEN
Einwohner|innen pro Spezialist|in

750 / 1.000 / 1.250 / 1.500 / 1.750 / 2.000 / 2.250 / 2.500 / 2.750 / 3.000

KINDERÄRZT|INNEN
Kinder (bis 18 J.) pro Spezialist|in

Lesebeispiel: In Treptow-Köpenick kommen auf eine|n niedergelassene|n Ärzt|in rechnerisch 800 Einwohner|innen.

Berechnung nach Vollzeitäquivalenten (z. B.: 2 × halbtags = 1 Stelle); ausschließlich in Praxen, nicht in Krankenhäusern

2.100 Psychotherapie		
320 Augenheilkunde		
240 Hals-Nasen-Ohren		
190 Dermatologie		

DER WEG ZUR APOTHEKE

400 M	Berlin	Durchschnittliche Distanz vom Wohnort aus
500 M	Hamburg	
	...	
1.300 M	Deutschland	
	...	
2.100 M	Brandenburg	
2.400 M	Mecklenburg-Vorpommern	

KRANKENHÄUSER & BETTEN

	↓	↓
Berlin	87	20.500
Hamburg	61	12.700
München	57	10.700
Köln	23	6.900
Stuttgart	20	4.700
Nürnberg	16	3.500
Frankfurt	13	5.200

FREMDSPRACHEN AN SCHULEN

Die Frage, welche Fremdsprache man die Kinder — neben Englisch — in der Schule lernen lässt, ist immer ein kleines Politikum. Es geht um Traditionen, um kulturelle Verbundenheit, auch um Politisches. Die russische Sprache kam beispielsweise nach der Wende komplett unter die Räder: Während 1991 noch mehr als 5.000 Siebtklässler|innen an Berliner Gymnasien Russisch lernten, waren es im Jahrgang darauf nur noch weniger als 1.000. Heute wird die Sprache lediglich von 11 Gymnasien und 18 anderen Schulen angeboten.

Grundsätzlich ist Berlin — trotz der großen Entfernung zum westlichen Nachbarland — sehr frankophon. Nirgendwo haben hiesige Gymnasien so viele Partnerschulen wie in Frankreich. Allerdings wählten zuletzt immer mehr Siebtklässler|innen Spanisch.

Im Vergleich zu anderen Bundesländern hat man hier nur ein geringes Interesse an Latein. Die Sprache wird heute nur in 17 Prozent der siebten Klassen an Gymnasien unterrichtet — halb so viel wie im Bundesschnitt, der allerdings seit Jahren fallend ist. Kurioserweise ist Berlin bei einer anderen toten Sprache ganz weit vorne: Bei Altgriechisch nämlich. Wirklich viele sind es allerdings trotzdem nicht, die diese Sprache lernen.

SALVETE, LES FILLES

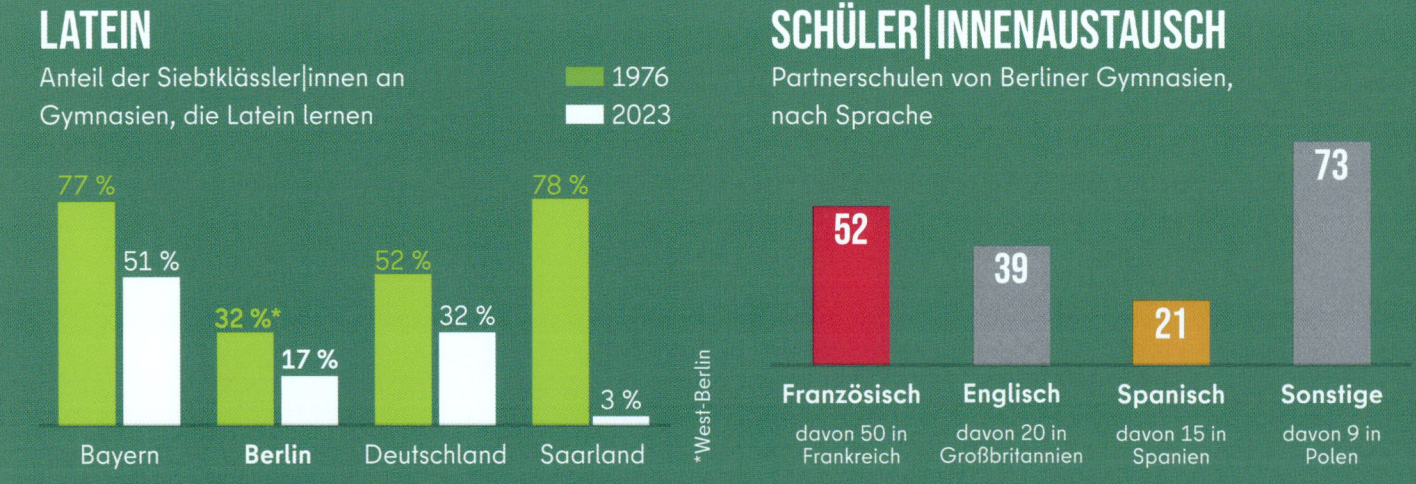

ZWEITE FREMDSPRACHE

neben Englisch – an Berliner Gymnasien, 7. Klasse

Alle Schüler|innen an Berliner Gymnasien haben Englisch-Unterricht. Welche Sprache lernen sie noch?

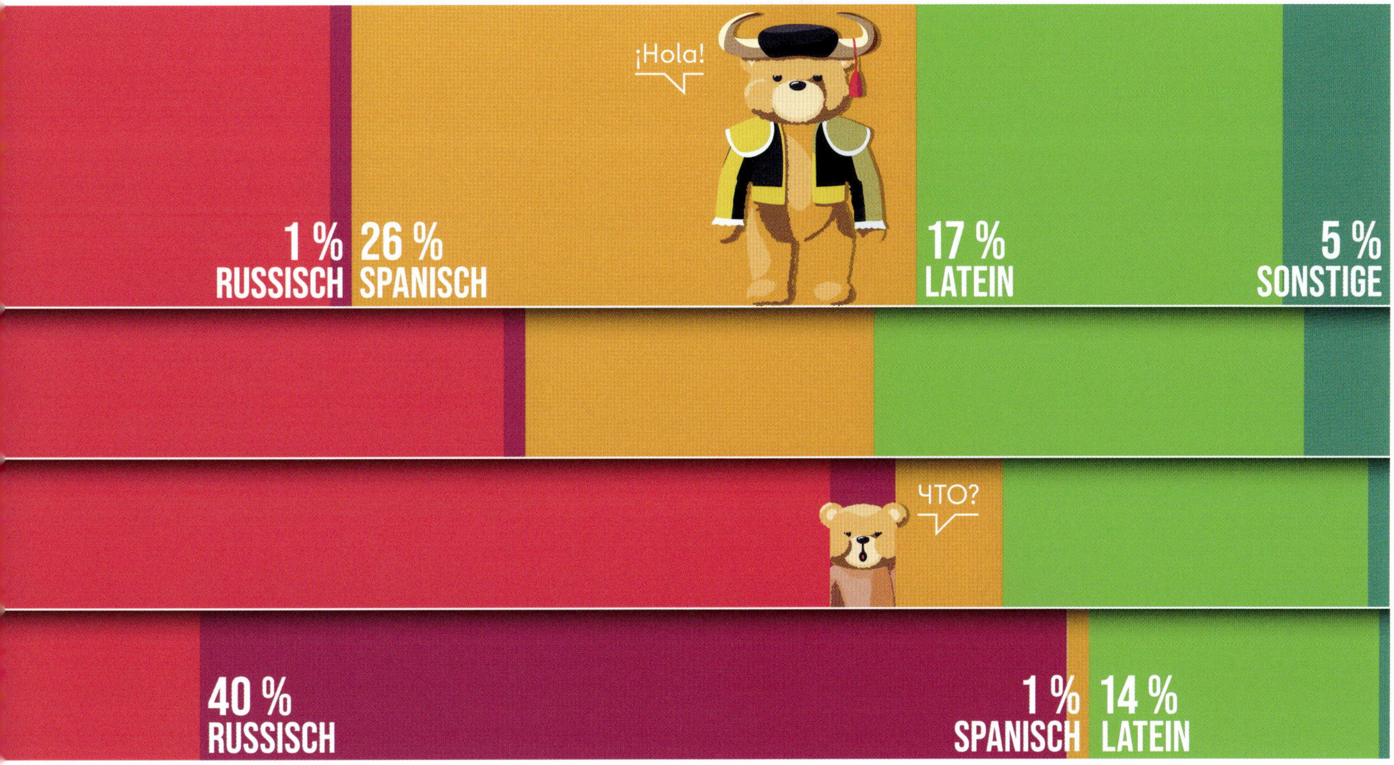

¡Hola!
1 % RUSSISCH
26 % SPANISCH
17 % LATEIN
5 % SONSTIGE
ЧТО?
40 % RUSSISCH
1 % SPANISCH
14 % LATEIN

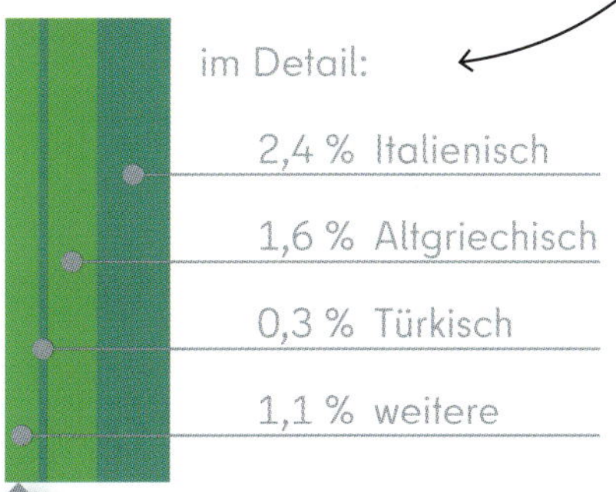

im Detail:
2,4 % Italienisch
1,6 % Altgriechisch
0,3 % Türkisch
1,1 % weitere

LES GARÇONS!

Im Schnitt werden Fünftklässler|innen an Gymnasien in 1,6 Sprachen unterrichtet. Von 100 Kindern lernen also 60 zwei Sprachen und 40 nur eine.

Es gibt auch Gymnasien, die Portugiesisch, Polnisch, Hebräisch, Japanisch oder Chinesisch unterrichten.

SPRACHPENSUM

Wie viele Fremdsprachen ein Kind im Schnitt lernt, nach Klassenstufe

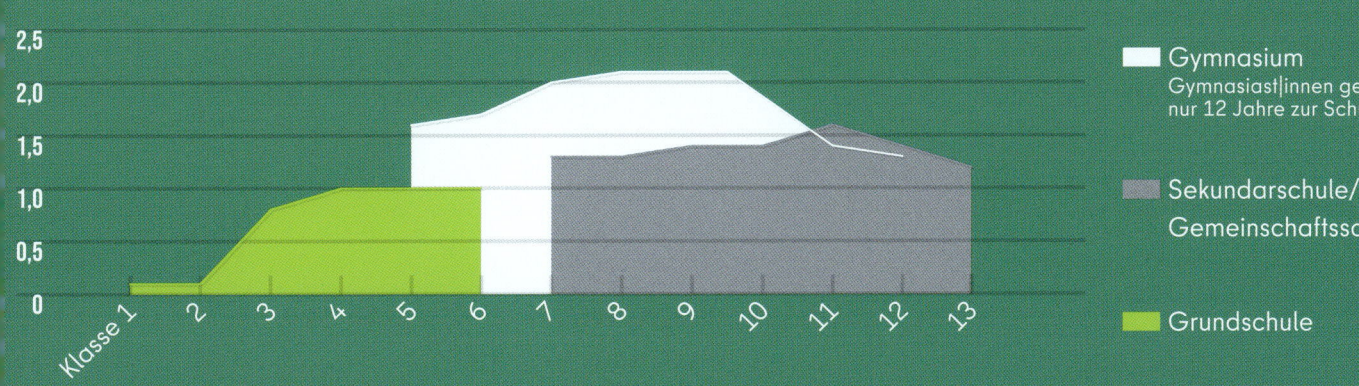

2,5
2,0
1,5
1,0
0,5
0
Klasse 1
2
3
4
5
6
7
8
9
10
11
12
13
Gymnasium
Gymnasiast|innen gehen nur 12 Jahre zur Schule.
Sekundarschule/ Gemeinschaftsschule
Grundschule

DEMOGRAFISCHE ENTWICKLUNG

MENSCHEN D

JÜDISCHE EINWOHNER|INNEN

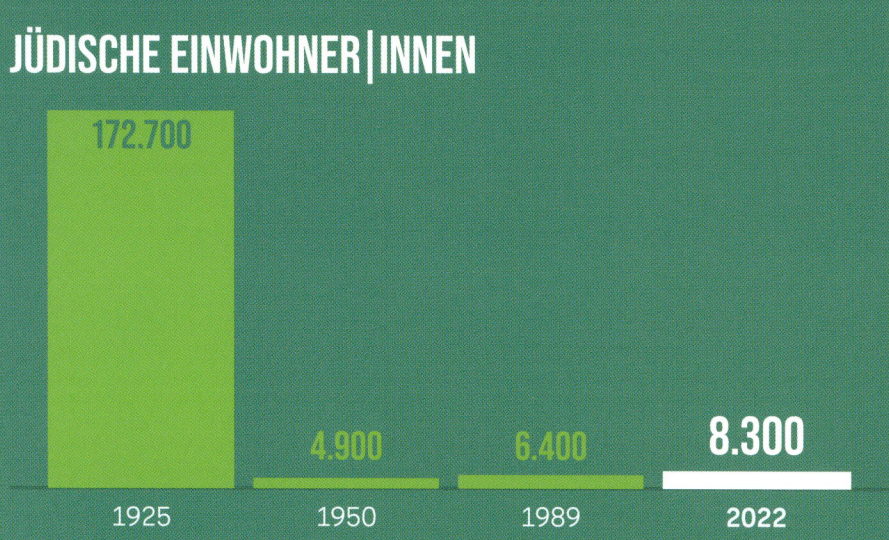

- 1925: 172.700
- 1950: 4.900
- 1989: 6.400
- 2022: 8.300

BEVÖLKERUNG
Veränderung im Vergleich zum Vorjahr

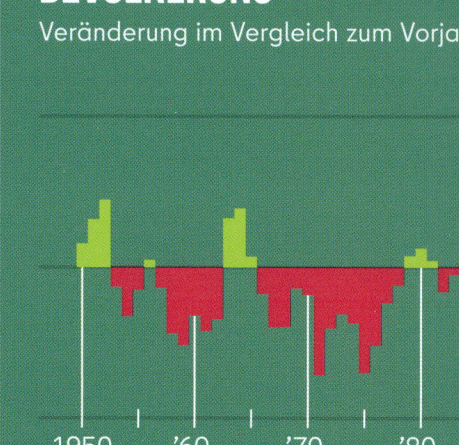

KONFESSIONEN
- katholisch
- evangelisch
- sonstige/konfessionslos

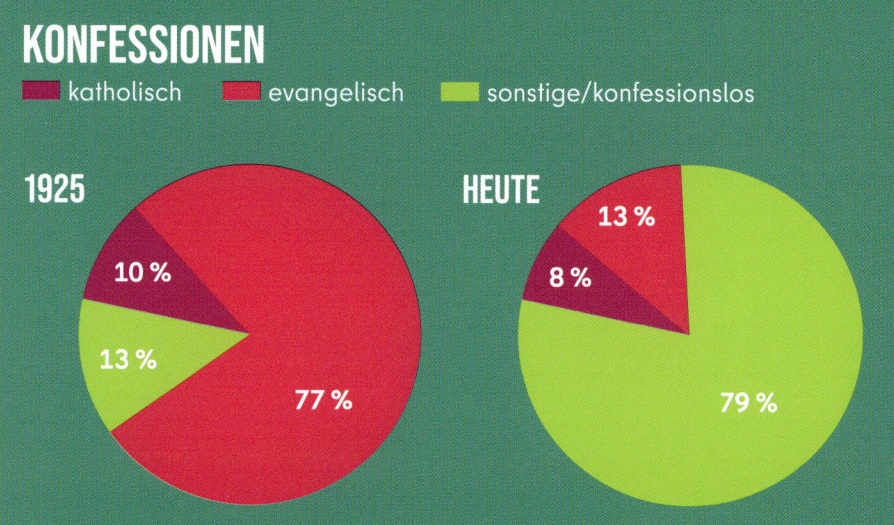

1925: 10 % katholisch, 77 % evangelisch, 13 % sonstige/konfessionslos

HEUTE: 8 % katholisch, 13 % evangelisch, 79 % sonstige/konfessionslos

BEVÖLKERUNG DER BEZIRK
- 1925
- 2023

Bezirke in ihren heutigen Grenzen

Marzahn-Hellersdorf, Reinickendorf, Treptow-Köpenick, Spandau, Steglitz-Zehlendorf, Lichtenberg

AUSLÄNDER|INNEN
Gesamtzahl

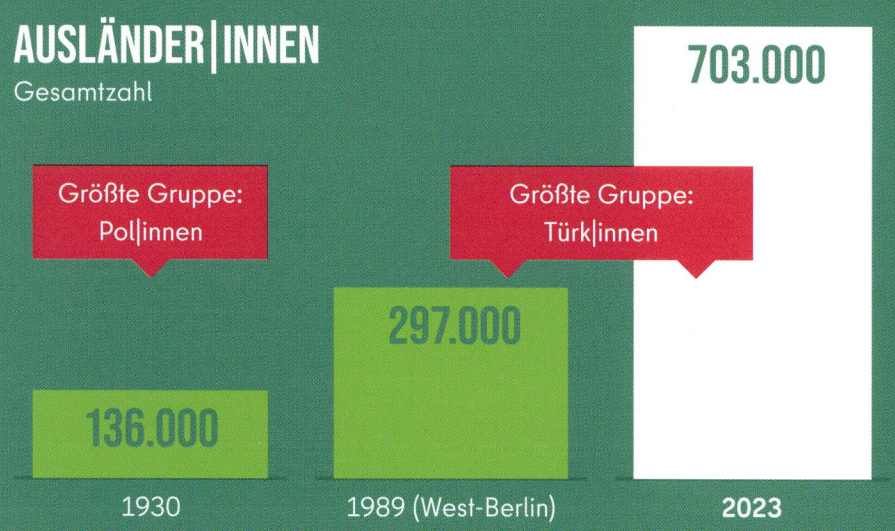

- 1930: 136.000 — Größte Gruppe: Pol|innen
- 1989 (West-Berlin): 297.000
- 2023: 703.000 — Größte Gruppe: Türk|innen

ZAHL DER MENSCHEN, …

- … die in diesen Jahren in Berlin geboren wurden.
- … die heute in Berlin leben und in diesen Jahren geboren wurden.

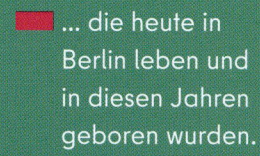

1960–1980: 760.000

DEMOGRAFIE & SOZIALES

R METROPOLE

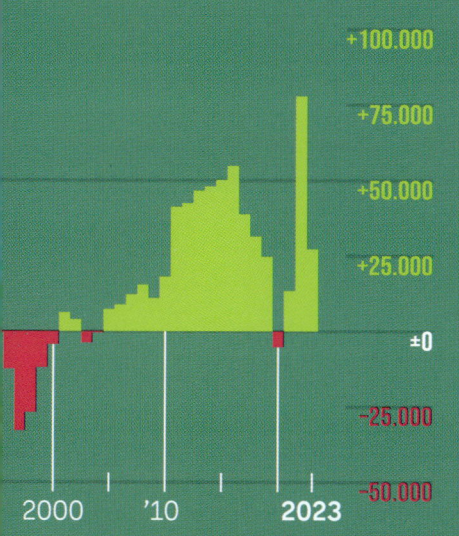

MÄNNER PRO 100 FRAUEN

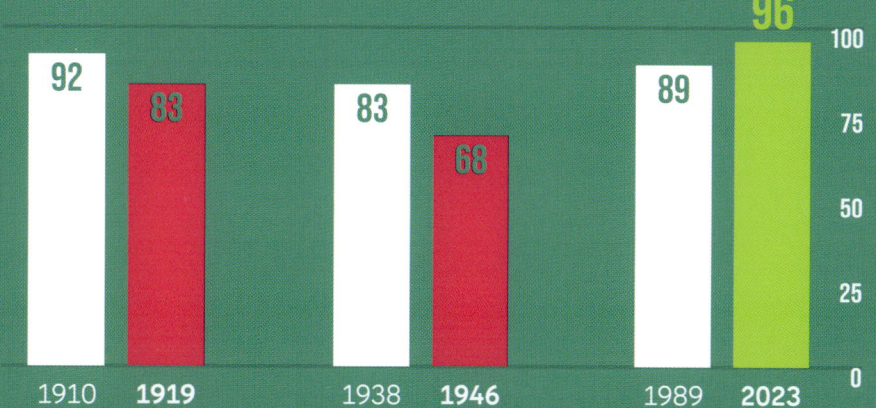

1910	1919	1938	1946	1989	2023
92	83	83	68	89	96

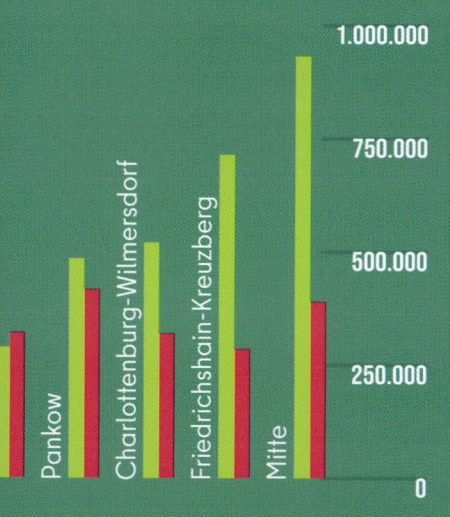

GEBURTEN
nach Alter der Mutter: 25 J. | 30 J. | 35 J.

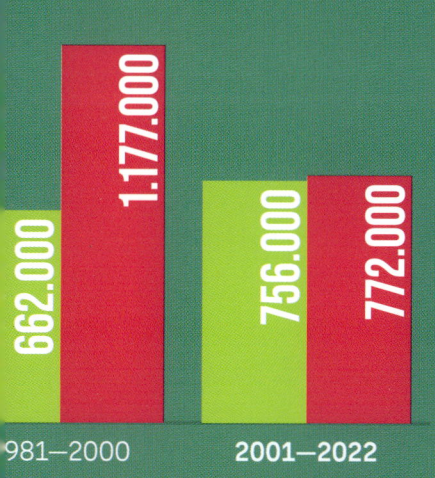

ALTERSGRUPPEN
Anteil in Prozent

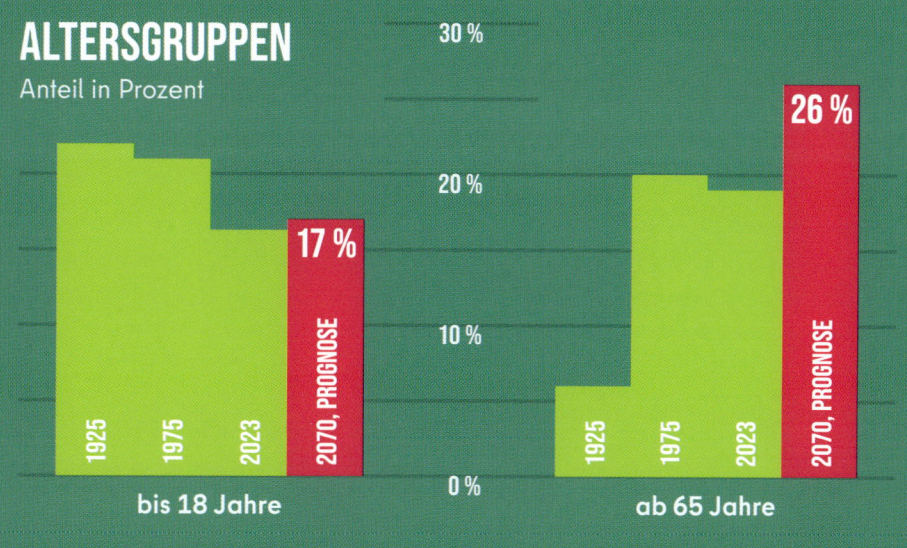

bis 18 Jahre — ab 65 Jahre (26 %, 2070 Prognose; 17 % bis 18 Jahre 2070 Prognose)

WOHNUNGSMARKT

BLOß NICHT UMZIEHEN!

Das Gebiet hier oben im Norden Berlins, zwischen Heinersdorf und Wartenberg, es heißt tatsächlich „Märchenland". Die gemütliche Siedlung hat aber nicht nur den schönsten Namen, sondern hält auch einen anderen Rekord: Sie hat nämlich die treueste Bevölkerung. 70 Prozent der Menschen wohnen dort schon seit mindestens zehn Jahren an derselben Adresse. In ganz Berlin trifft das nur für rund 46 Prozent der Menschen zu. Wobei es eine Faustregel gibt: Im Stadtkern ist die Fluktuation höher, außen herum geringer.

Und es gibt einen eindeutigen Trend: Über die Jahre ist die Berliner Bevölkerung immer sesshafter geworden. Klar, es ziehen viele von außen in die Stadt hinein. Aber die, die schon da sind, ziehen deutlich seltener um. Während man hier in den 1950ern noch rechnerisch alle sieben Jahre eine neue Bleibe bezog und nach der Wende immerhin noch alle zehn bis elf Jahre, so geschieht das heute nur noch alle 14 Jahre.

Ein Hauptgrund dürfte die Wohnungsknappheit sein sowie die preisliche Diskrepanz zwischen alten und neuen Mietverträgen. Wer für ein paar Quadratmeter mehr gleich das Dreifache zahlen muss, der überlegt es sich eben oft noch einmal — und bestellt sich vielleicht lieber ein Hochbett.

- 1955: 14,4 %
- 1965: 10,4 %
- 1975: 12,1 %
- 1985: 12,4 % (bis hier nur West-Berlin)
- 1995: 10,7 %

UMZÜGE
Anteil der Berliner|innen, die pro Jahr innerhalb der Stadt umziehen

10,8 % 2005
7,8 % 2015
7,1 % 2023

RUHIGERE AUSSENBEZIRKE
Anteil der Berliner|innen, die seit mindestens 10 Jahren an derselben Adresse wohnen …

… nach Entfernung des Wohnorts vom Brandenburger Tor

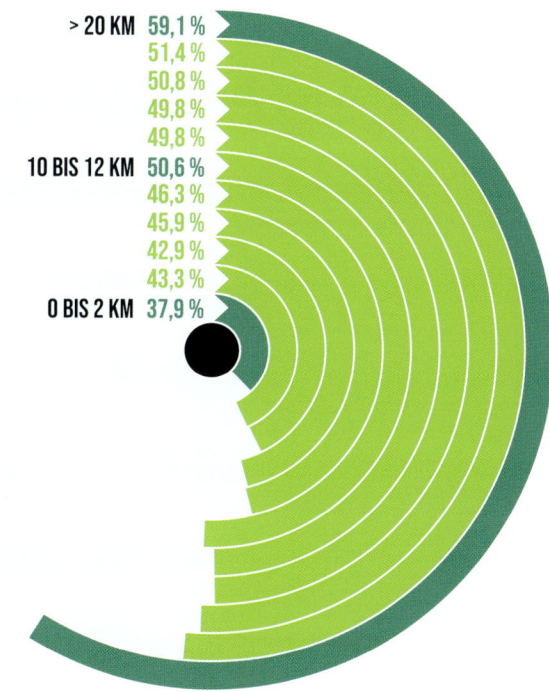

- > 20 KM — 59,1 %
- 51,4 %
- 50,8 %
- 49,8 %
- 49,8 %
- 10 BIS 12 KM — 50,6 %
- 46,3 %
- 45,9 %
- 42,9 %
- 43,3 %
- 0 BIS 2 KM — 37,9 %

… insgesamt

38,6 % 2007   **40,8 %** 2014   **46,4 %** 2020

MIETPREISE
Entwicklung im Vergleich zu 2005

- Neuvermietungen
- Bestandsmieten

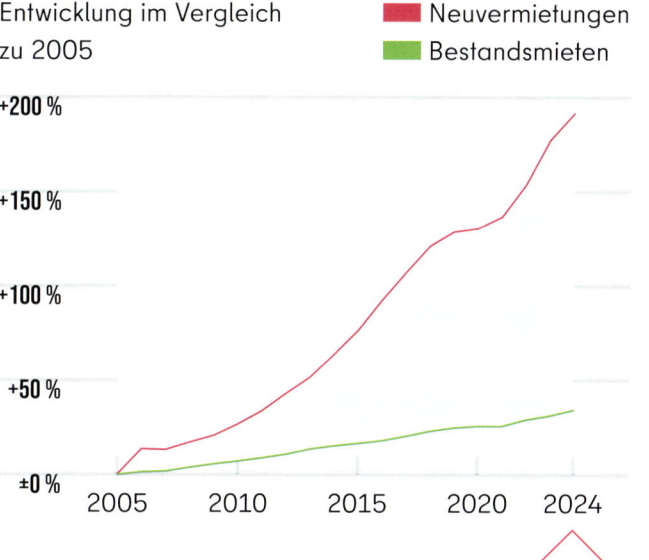

Eine Wohnung in Berlin, deren monatliche Kaltmiete im Jahr 2005 bei 1.000 € lag, kostet heute mit einem Altvertrag im Schnitt 1.350 € und mit einem Neuvertrag 2.900 €.

DEMOGRAFIE & SOZIALES: DIES UND DAS

DAS FANDEN WIR AUCH

Als Baby kann man gut in der Großstadt leben, aber als Kleinkind braucht man einen Garten und viel Natur? Tatsächlich verliert Berlin von jedem Neugeborenen-Jahrgang in den ersten 6 Jahren

KNAPP 3.000 PERSONEN,

weil die Familien raus nach Brandenburg ziehen. (Dies gilt zumindest, wenn man die Bevölkerung mit deutschem Pass betrachtet.)

47 %
ALLER NEUGEBORENEN

des Jahres 2023 in Berlin haben einen Doppelnamen bekommen — oder sogar noch mehr Vornamen. Zehn Jahre vorher waren es sogar 54 %.

Mit einem Anteil von

hat das Studienfach Fahrzeugtechnik den höchsten Männeranteil in Berlin.

Das weiblichste Fach ist die frühkindliche Pädagogik mit einem Frauenanteil von

Bei Umwelttechnik und Geschichte steht es übrigens ziemlich genau 50 : 50.

Deutschland überaltert, ja, aber in manchen Gegenden Berlins wohnt fast niemand, der im Rentenalter ist. Rund um den Helmholtzplatz in Prenzlauer Berg sind

NUR 5 %
DER BEVÖLKERUNG ÜBER 64 JAHRE ALT.

Im östlichen Teil Friedrichshains sind es weniger als 6 %.

UNGEFÄHR ALLE 15 MIN. STIRBT IN BERLIN EIN MENSCH.

Und ebenfalls alle 15 Minuten wird einer geboren.

NOCH INTERESSANT

Bei der hochoffiziellen Zeitverwendungserhebung des Statistischen Bundesamtes kam heraus, dass Erwachsene in Berlin im Schnitt

4:08 STD./WOCHE

fürs Waschen und Putzen aufwenden. Das sind satte 34 Minuten weniger als im Bundesschnitt.

Eigentlich umfasst die Grundschule in Berlin sechs Jahre. Doch:

PRO JAHR WECHSELN 2.000 KINDER

schon zur fünften Klasse auf ein Gymnasium. Das sind ungefähr 7 % aller Kinder in diesem Alter.

Berlin ist eine Stadt, in der sich der Wohlstand zwischen den Ortsteilen besonders stark unterscheidet.

Im ärmsten Kiez bekommen

37 %

der Menschen Sozialtransfers.

Im reichsten sind es nur

1 %

Immerhin verringert sich die Segregation mit der Zeit.

4 VON 9

Erwachsenen in Berlin sind **ÜBERGEWICHTIG.**
Im Ländervergleich ist das relativ wenig. In Brandenburg sind es 5 von 9, in Mecklenburg-Vorpommern sogar noch mehr.

Unter den Berliner|innen mit deutscher Staatsbürgerschaft ist das Geburtsjahr

1964

das häufigste, mit 47.000 Person. Unter den Ausländer|innen ist es das Jahr 1993, mit 27.000.

GESCHICHTE & POLITIK

DAS GROSS-BERLIN-GESETZ

1920: DIE VERDOPPLUNG BERLINS

WER 1920 DA WAR

1.900.000
MENSCHEN IN ALT-BERLIN

Es war im April 1920, als SPD, USPD und Linksliberale in der Preußischen Landesversammlung einen Beschluss fassten: Was zusammengewachsen ist, muss auch zusammengehören. Also ließen sie Berlin mit den Nachbarstädten Charlottenburg, Neukölln, Schöneberg, Lichtenberg und Co. fusionieren. Hinzu kamen noch allerlei Flächengemeinden, Gutsbezirke und Wälder, die man den Nachbarkreisen wegschnitt — und fertig war Groß-Berlin: Doppelt so viele Einwohner|innen, 13 Mal so viel Fläche. Und, ärgerlich für das linke Bündnis: viel, viel mehr rechte Wähler|innen.

Sinnvoll war der Schritt durchaus, denn er vereinfachte die Verwaltung und Versorgung des Gebiets. Doch wie jede Gebietsreform war auch diese willkürlich: Im Norden zum Beispiel kam Frohnau zu Berlin, während Schönfließ und Schildow nebenan draußen blieben — ab 1961 sogar mit einer Mauer dazwischen. Im Westen dasselbe: Staaken, damals ein Dorf, durfte rein, Falkensee nicht.

Die Frage, wo eine Stadt anfängt und wo sie endet, ist für Statistiker|innen immer knifflig: Ist Paris größer als Berlin? Betrachtet man die Metropolregionen, dann ja, sogar doppelt so groß. Schaut man nur auf die Städte, dann nein, nur halb so groß. Auch wegen Frohnau und Staaken.

Insgesamt hat Berlin heute wieder ähnlich viele Einwohner|innen wie 1920. Auf dem Gebiet des alten Berlins leben heute aber nur noch 860.000 Menschen — und nicht mehr 1.900.000 wie damals.

WER 1920 DAZUKAM

330.000 STADT CHARLOTTENBURG

280.000 STADT NEUKÖLLN

190.000 STADT SCHÖNEBERG

150.000 STADT LICHTENBERG

140.000 STADT WILMERSDORF

100.000 STADT SPANDAU

30.000 STADT KÖPENICK

680.000 ANDERE DÖRFER & GEMEINDEN

DIE ERWEITERUNGEN DER STADT

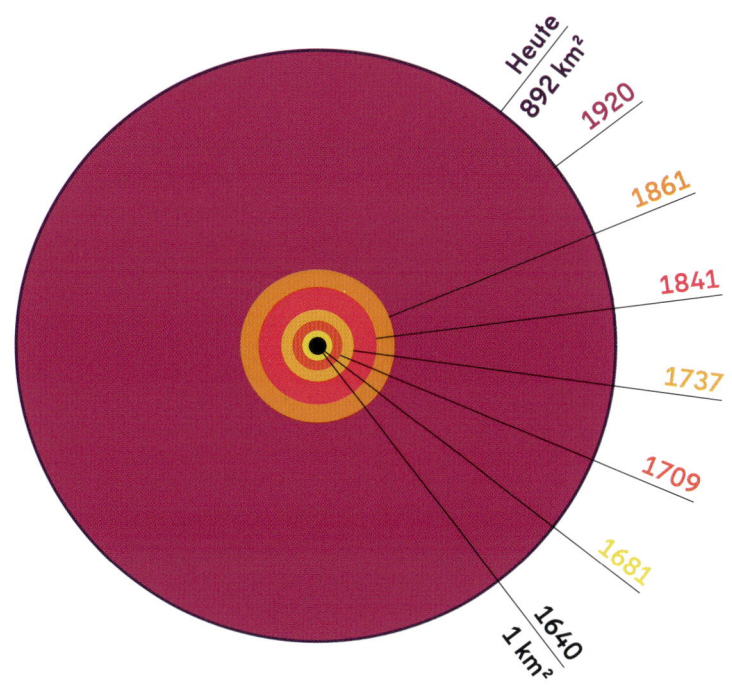

Heute 892 km²
1920
1861
1841
1737
1709
1681
1640
1 km²

INNEN DRIN UND AUSSEN RUM

Heutige Bevölkerungszahl

Metropolregion
davon: Stadt

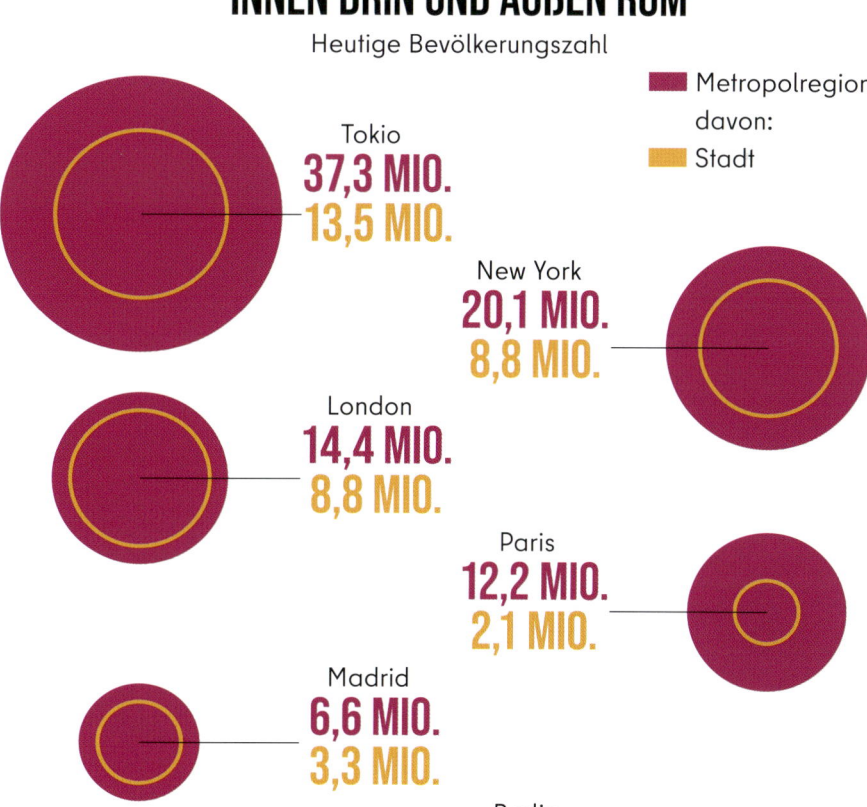

Tokio
37,3 MIO.
13,5 MIO.

New York
20,1 MIO.
8,8 MIO.

London
14,4 MIO.
8,8 MIO.

Paris
12,2 MIO.
2,1 MIO.

Madrid
6,6 MIO.
3,3 MIO.

Berlin
6,1 MIO.
3,6 MIO.

REISEZEITEN

WAS FRÜHER ALS

VON KÖLN NACH BERLIN: WIE LANGE MAN FÜ

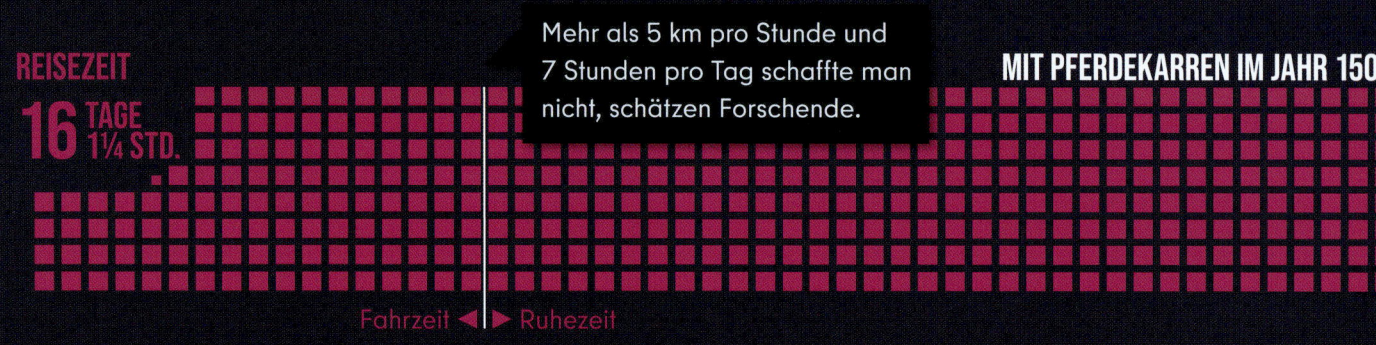

REISEZEIT

16 TAGE 1¼ STD.

Mehr als 5 km pro Stunde und 7 Stunden pro Tag schaffte man nicht, schätzen Forschende.

MIT PFERDEKARREN IM JAHR 1500

Fahrzeit ◀ ▶ Ruhezeit

3 TAGE 14¼ STD.

SCHNELLPOST-KUTSCHE 1832

Fahrzeit ◀ ▶ Ruhezeit

DURCHGEHENDER PERSONENZUG 1847
17½ STUNDEN

In den 1850ern werden Courierzüge eingeführt, die nicht mehr überall halten.

COURIERZUG 1865
12½ STD.

D wie Durchgang: Ab 1892 gibt es schnelle Züge mit einem Verbindungsgang an der Seite.

D-ZUG 1892
9½ STD.

D-ZUG 1914
8 STD.

FERNSCHNELLZUG 1939
6½ STD.

Griebnitzsee und Marienborn: Die Zwangshalte an der DDR-Grenze kosten Zeit.

TRANSITZUG 1977
7½ STD.

Seit 1998 gibt es die Schnellfahrstrecke nach Hannover. Sie spart 1 Stunde.

ICE SPRINTER 2024
4 STD.

Es ist eine verkehrspolitische Revolution, die sich da im Preußen der 1820er Jahre ereignet. Keine technologische, denn auch die neuen Schnellpostkutschen werden von Pferden gezogen. Wohl aber eine organisatorische. Man trimmt die Abläufe gnadenlos auf Effizienz. Alle paar Kilometer gibt es frische Pferde und Fahrer, die Straßen werden ausgebaut, feste Fahrpläne eingeführt. Dass man auch nachts weiterfährt, verbessert das Tempo zusätzlich. Man jubelt über den neuen Komfort: endlich eine bessere Federung, endlich geschlossene Kutschen! Und trotzdem: Wer etwa von Köln nach Berlin will, sitzt noch immer drei Tage und vier Nächte darin, aufrecht und beengt.

Abhilfe bringt bald der Eisenbahn-Boom. Die ersten durchgehenden Züge brauchen nur noch einen Dreivierteltag vom Rhein an die Spree. Am Anfang des 20. Jahrhunderts sind es dann nur noch acht Stunden, am Ende noch vier. Eine weitere halbe Stunde soll künftig eine neue Trasse zwischen Bielefeld und Hannover einsparen.

Ein Vergleich von alten und neuen Kursbüchern zeigt aber auch: Nicht alle Verbindungen ab Berlin haben sich dermaßen beschleunigt. Nach Greifswald etwa braucht man heute zweieinhalb Stunden. Nur 20 Minuten weniger als vor dem Ersten Weltkrieg.

SCHNELL GALT

DIE RUND 600 KILOMETER BRAUCHTE

Wie heute beim Fliegen gab es für die Postkutschen strenge Gepäckregeln: max. 30 Pfund!

SCHNELLPOST-KUTSCHE KÖLN–BERLIN 1832

643 km in 33 Etappen
10 längere Pausen für Mahlzeiten
Reisezeit: 3 Tage und 14¼ Stunden
Reine Fahrzeit: 2 Tage und 18¾ Stunden

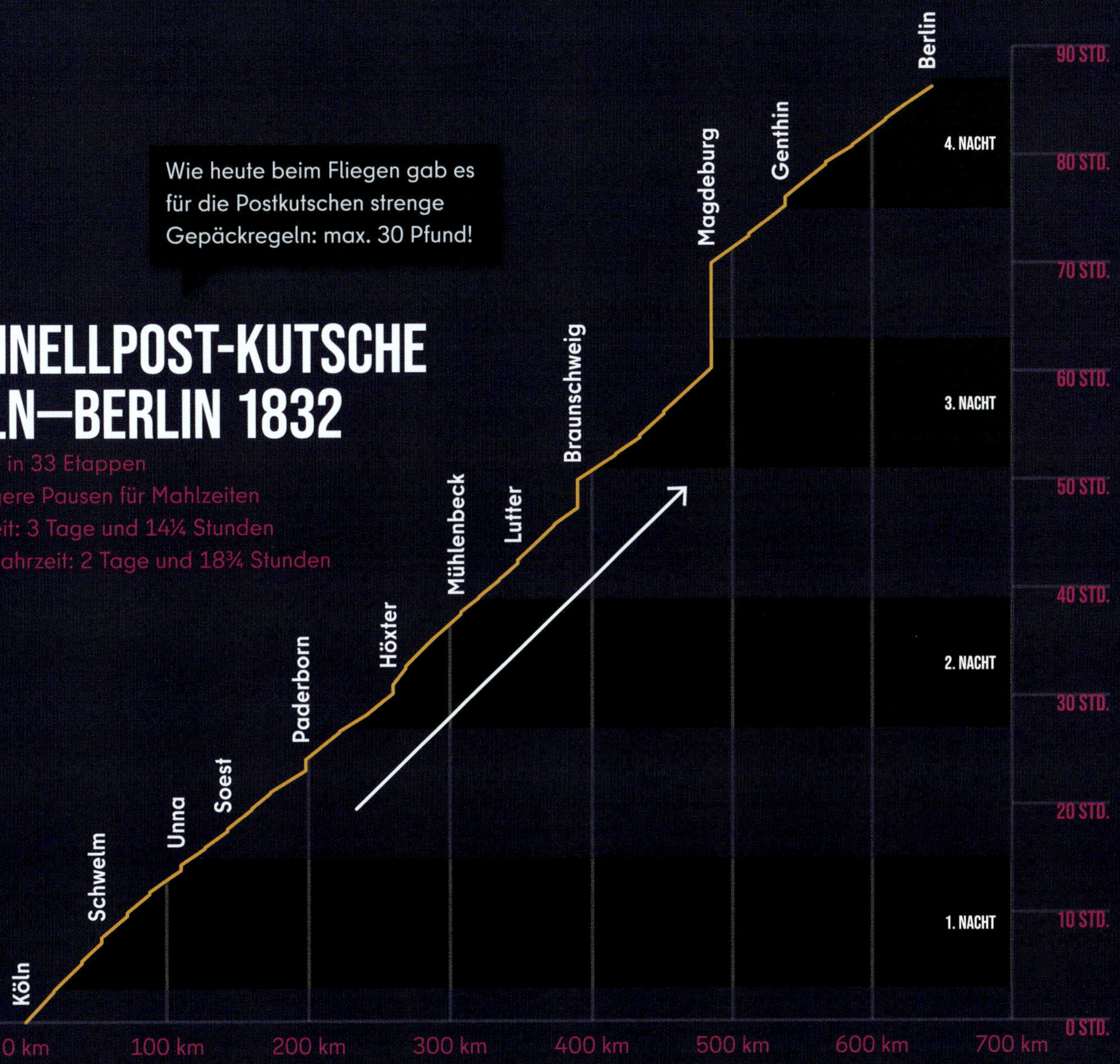

REISEZEIT MIT DER EISENBAHN

schnellste Verbindung in Stunden	1914		1939		1981		2024
Berlin–Hamburg	3½	▼	2¼	▲	3½	▼	1¾
Berlin–Bergen (Rügen)	4½	▼	3¾	▼	3½	▶	3½
Berlin–Frankfurt (Oder)	1	▶	1	▶	1	▼	¾
Berlin–Dresden	2½	▼	2	▲	2½	▼	1¾
Berlin–Leipzig	2	▼	1½	▲	2¼	▼	1¼

Während der deutschen Teilung war alles langwieriger: Die DDR-Züge mussten West-Berlin umfahren, die Transitzüge wurden an der DDR-Grenze aufgehalten.

DIE VERSORGUNG WEST-BERLINS
BELIEFERUNG EINER INSEL

Um die West-Alliierten zu zwingen, Berlin aufzugeben, riegelt die Sowjetunion die Versorgungswege im Juni 1948 komplett ab. Die USA und Großbritannien beginnen daraufhin, die West-Sektoren über eine „Luftbrücke" mit Flugzeugen zu versorgen. Die Blockade wird im Mai 1949 aufgegeben.

Großstädte können vieles, aber sie können meist nicht für sich selbst sorgen. Das meiste, was für den Alltag gebraucht wird, muss aus dem Umland angeliefert werden — allen voran die Lebensmittel. Eine besondere Herausforderung war die Versorgung West-Berlins während des Kalten Krieges. Alle kennen die Geschichten von der Luftbrücke der Rosinenbomber, die 1948 und 1949 teilweise im Zwei-Minuten-Takt landeten, um Waren in die von Stalin abgeriegelte Stadt zu bringen. Danach konnte zwar wieder per Schiff, Zug oder Lkw geliefert werden, doch wegen der Entfernung und der Grenzbürokratie war auch das komplex.

Immerhin stiegen die Mengen, die vom Gebiet der BRD in die Stadt kamen, von zwei Millionen Tonnen während der Berlin-Blockade auf 13 Millionen im Jahr 1970. Danach sank das Volumen, auch weil nach und nach die DDR lieferte. Zwar kamen nur wenige Lebensmittel über die innerstädtischen Grenzen, dafür aber viel Sprit, Kohle und Baustoffe. Auch wenn West-Berlin bis zum Mauerfall Hilfe brauchte, war man bald kein Bittsteller mehr. So überstieg der Wert der Waren, die man verkaufte, bald den Wert dessen, was man einkaufen musste. Die Wirtschaft war auf die Beine gekommen, auch dank einer gar nicht einmal so schwachen Industrie.

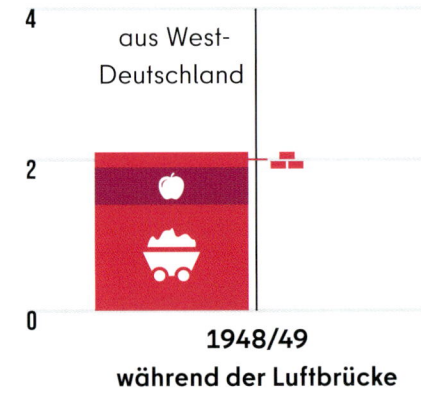

aus West-Deutschland

1948/49 während der Luftbrücke

WARENVERKEHR MIT DER BRD
Wert der Waren in Mrd. D-Mark, die West-Berlin ...
- ... nach Westdeutschland verkaufte
- ... aus Westdeutschland kommen ließ

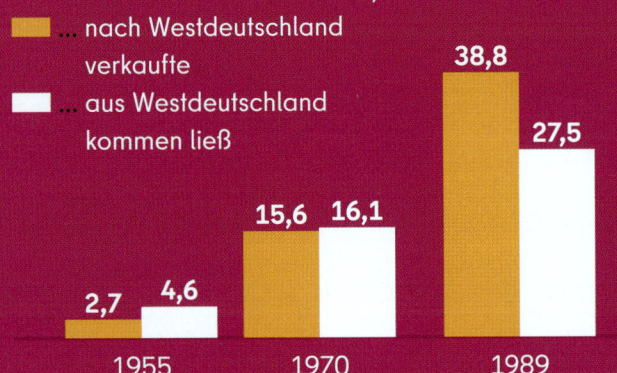

	1955	1970	1989
verkauft	2,7	15,6	38,8
gekauft	4,6	16,1	27,5

BERLINER FLUGHÄFEN
Zahl der Starts und Landungen

1948/49	1970	1994	2022
555.000	78.000 (ohne Schönefeld)	214.000	144.000

WARENLIEFERUNGEN NACH WEST-BERLIN

Während der deutschen Teilung in Mio. Tonnen

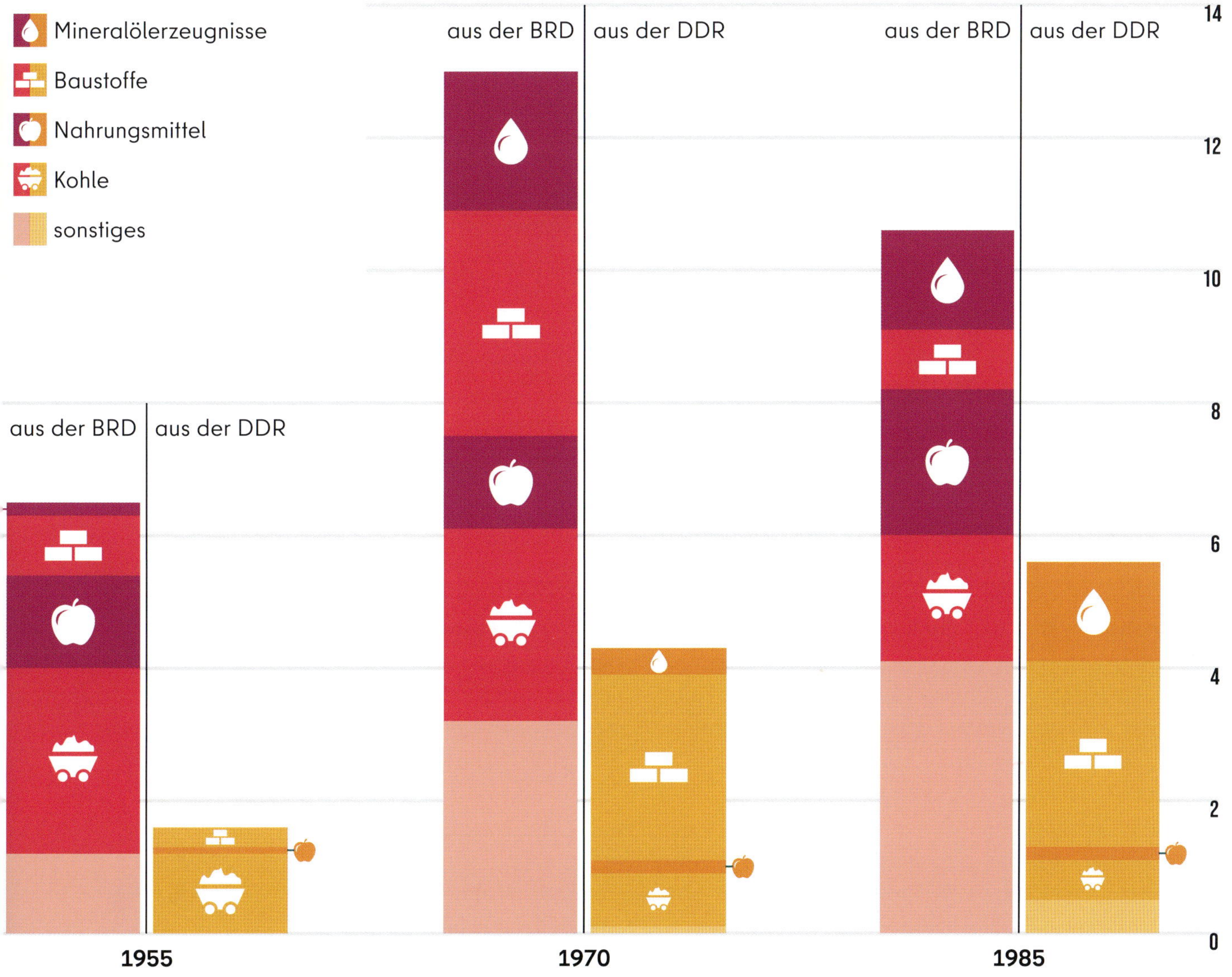
Mineralölerzeugnisse
Baustoffe
Nahrungsmittel
Kohle
sonstiges
aus der BRD
aus der DDR
1955
1970
1985
14
12
10
8
6
4
2
0

1970: PREISE IM EINZELHANDEL

in D-Mark

	West-Berlin	Bundesrepublik
Kinderschuhe (Leder)	DM 24,55	DM 27,10
Bügeleisen	DM 23,29	DM 25,50
Busfahrkarte	DM 0,50	DM 0,66

Lebensmittel waren in West-Berlin oft etwas teurer als in der BRD, andere Waren dagegen günstiger.

	West-Berlin	Bundesrepublik
Schweinekotelett, 1 kg	DM 9,78	DM 8,40
Roggenbrot, 1 kg	DM 1,41	DM 1,30

WOHNVERHÄLTNISSE

ZUHAUSE – DAMALS UND HEUTE

WIE VIELE MENSCHEN SICH IM SCHNITT

3,4
1925

Beengte Behausungen in grauen Hinterhöfen, ohne warmes Wasser, mit kargen Küchen, die abends zum Elternschlafzimmer werden — und mit kleinen Kammern, in denen sich die Kinder die Betten teilen. Über die Wohnverhältnisse in den ärmeren Kiezen der 1920er Jahre wurde viel geschrieben. In den Statistiken sieht zwar alles weniger dramatisch aus, weil dort neben den engen auch die üppigen Wohnungen einfließen. Und dennoch: Im Schnitt waren die Berliner Wohnungen zu der Zeit fast doppelt so voll mit Menschen wie heute. Während die Stadt heute auf mehr als zwei Millionen Wohnungen kommt, waren es vor 100 Jahren wenig mehr als eine Million — und das, obwohl es mehr Menschen gab.

Doch der Langfristvergleich kann nicht darüber hinwegtrösten, dass in Berlin heute wieder Wohnungsmangel herrscht. Die Bevölkerung ist zuletzt stark gewachsen. Die Zahl der Wohnungen zwar auch, aber eben nicht im selben Maße. Erstmals seit Jahrzehnten steigt die rechnerische Quote der Menschen pro Wohnung wieder.

Jetzt rächt es sich, dass man die spärlichen Flächen, die für neue Siedlungen da waren, nach der Wende nicht effizienter genutzt hat. Statt Geschossbauten wurden fast ausschließlich Einfamilienhäuser gebaut, vor allem in den 2000er Jahren.

FLÄCHE PRO WOHNUNG

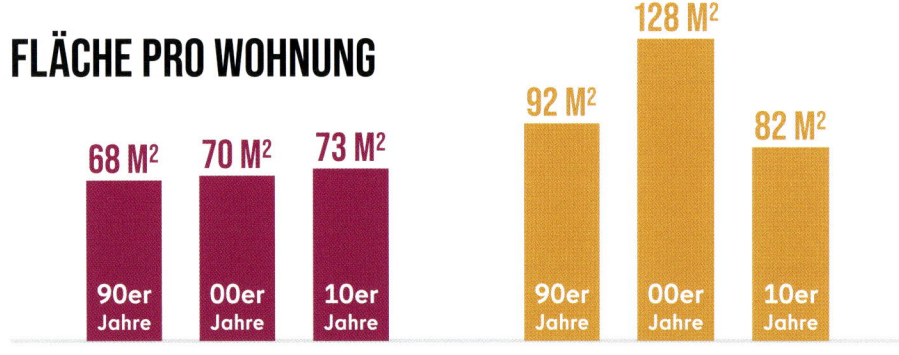

| 68 M² | 70 M² | 73 M² | 92 M² | 128 M² | 82 M² |
| 90er Jahre | 00er Jahre | 10er Jahre | 90er Jahre | 00er Jahre | 10er Jahre |

Durchschnitt aller bestehenden Wohnungen | Durchschnitt aller neu gebauten Wohnungen

EINE BERLINER WOHNUNG TEILEN

1,8
2022

WOHNUNGEN
Zahl in Millionen

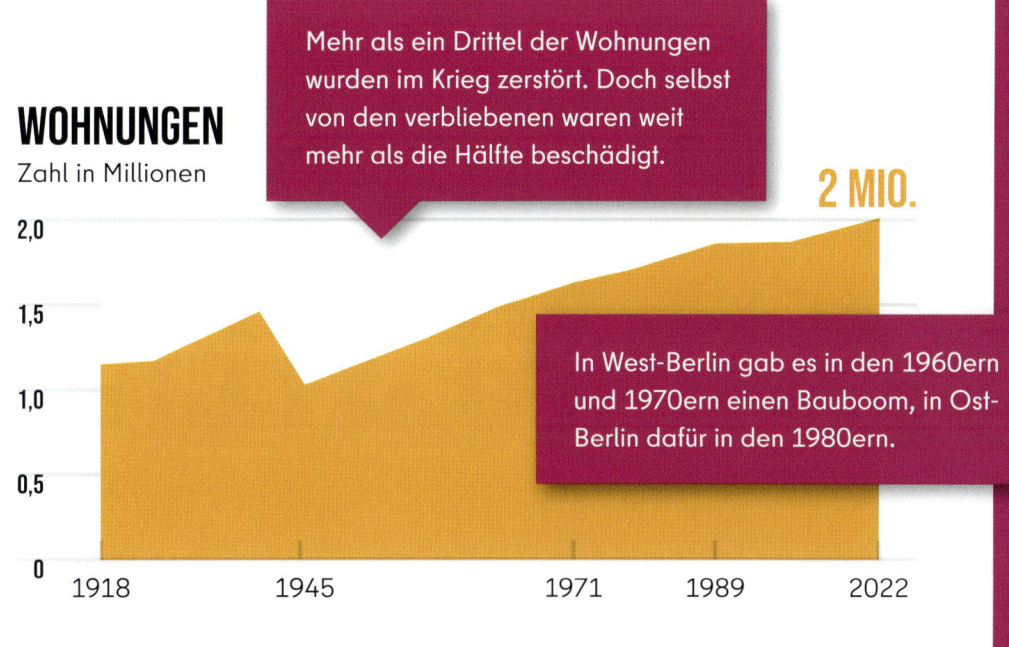

> Mehr als ein Drittel der Wohnungen wurden im Krieg zerstört. Doch selbst von den verbliebenen waren weit mehr als die Hälfte beschädigt.

2 MIO.

> In West-Berlin gab es in den 1960ern und 1970ern einen Bauboom, in Ost-Berlin dafür in den 1980ern.

WOHNGEBÄUDE
- Einfamilienhäuser
- Mehrfamilienhäuser

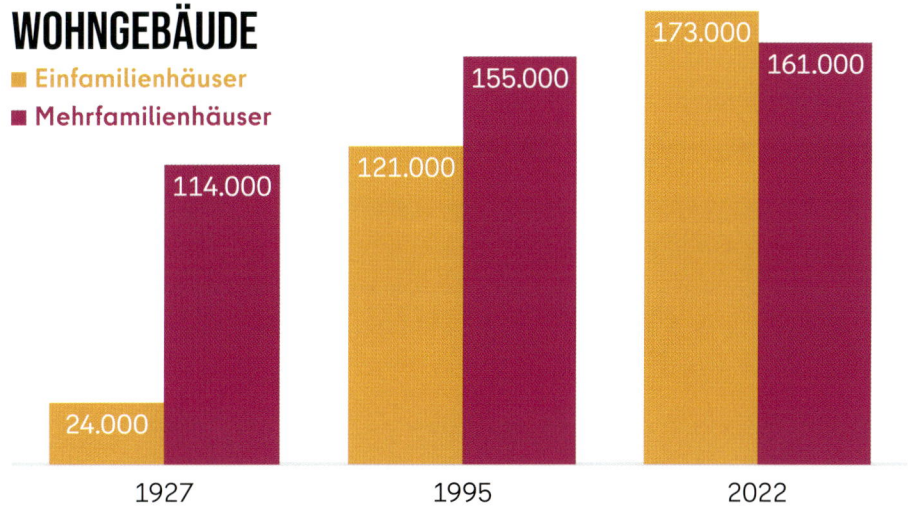

1927: 24.000 / 114.000
1995: 121.000 / 155.000
2022: 173.000 / 161.000

AUSSTATTUNG
Wohnungen mit ...

> In Kreuzberg hatte 1971 sogar nur jede dritte Wohnung ein Bad und ein WC.

■ ... Bad + WC   ■ ... WC   ■ ... Bad   ■ Weder noch

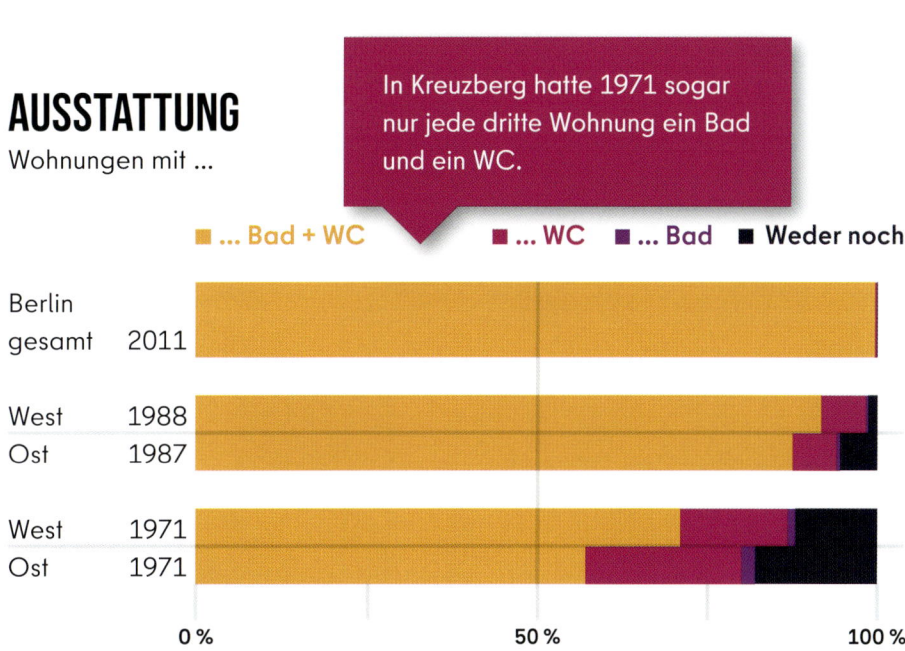

Berlin gesamt 2011
West 1988
Ost 1987
West 1971
Ost 1971

KRIEG UND FRIEDEN
ZEIT ZU LEBEN, ZEIT ZU STERBEN

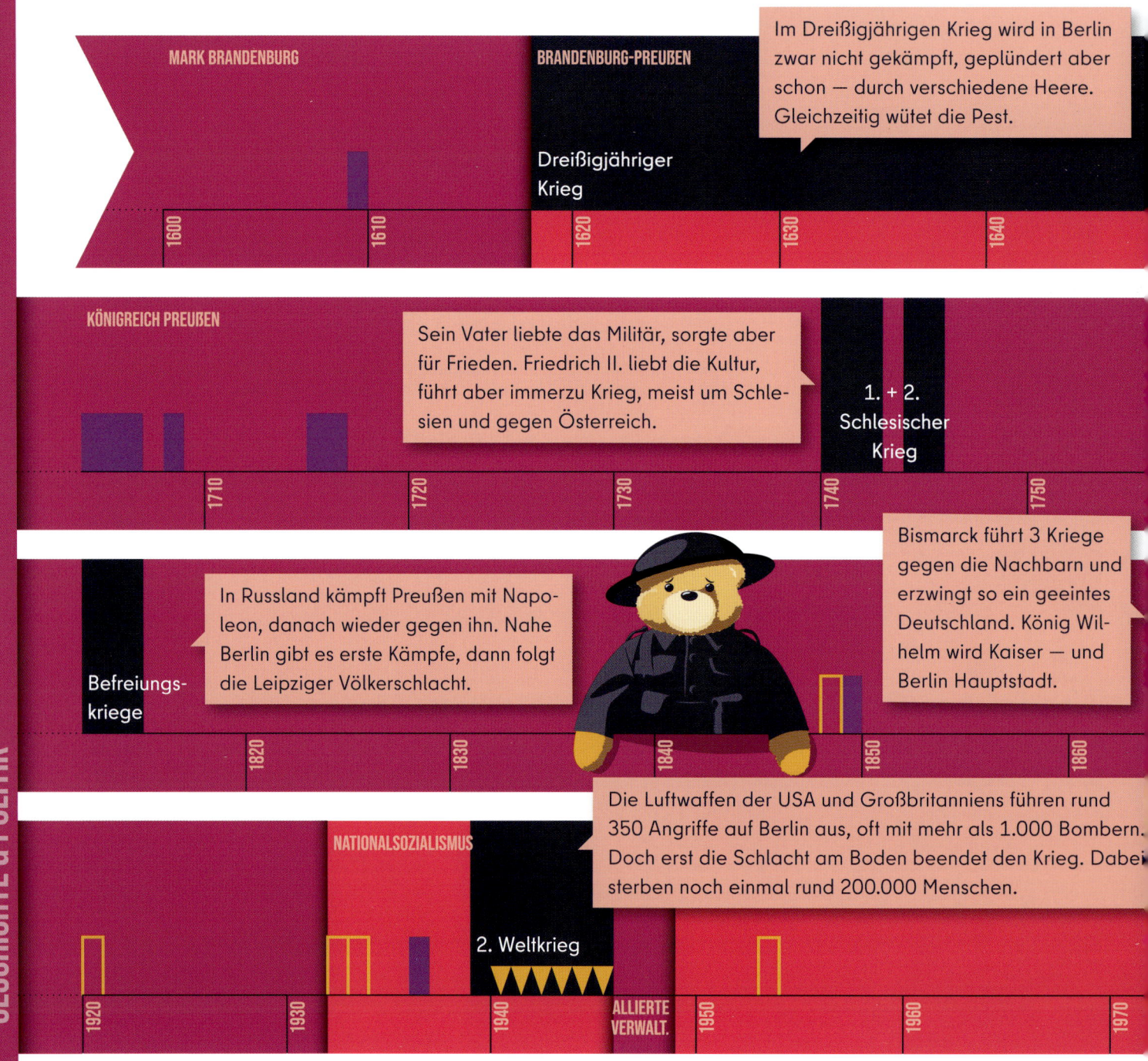

MARK BRANDENBURG | BRANDENBURG-PREUSSEN

Dreißigjähriger Krieg

Im Dreißigjährigen Krieg wird in Berlin zwar nicht gekämpft, geplündert aber schon — durch verschiedene Heere. Gleichzeitig wütet die Pest.

1600 · 1610 · 1620 · 1630 · 1640

KÖNIGREICH PREUSSEN

Sein Vater liebte das Militär, sorgte aber für Frieden. Friedrich II. liebt die Kultur, führt aber immerzu Krieg, meist um Schlesien und gegen Österreich.

1. + 2. Schlesischer Krieg

1710 · 1720 · 1730 · 1740 · 1750

Befreiungskriege

In Russland kämpft Preußen mit Napoleon, danach wieder gegen ihn. Nahe Berlin gibt es erste Kämpfe, dann folgt die Leipziger Völkerschlacht.

Bismarck führt 3 Kriege gegen die Nachbarn und erzwingt so ein geeintes Deutschland. König Wilhelm wird Kaiser — und Berlin Hauptstadt.

1820 · 1830 · 1840 · 1850 · 1860

NATIONALSOZIALISMUS

2. Weltkrieg

ALLIERTE VERWALT.

Die Luftwaffen der USA und Großbritanniens führen rund 350 Angriffe auf Berlin aus, oft mit mehr als 1.000 Bombern. Doch erst die Schlacht am Boden beendet den Krieg. Dabei sterben noch einmal rund 200.000 Menschen.

1920 · 1930 · 1940 · 1950 · 1960 · 1970

GESCHICHTE & POLITIK

Die Geschichte Deutschlands, Preußens und Berlins ist eine Geschichte der Kriege. Von hier aus wurden Truppen aufgebaut und Schlachten geplant, immer wieder. Keine Epoche, in der die jungen Männer der Region nicht irgendwo schießen und schlachten mussten.

Und dennoch erlebte Berlin immer wieder lange Phasen des Friedens. Zu diesen kam es meist, wenn zuvor ein großer Krieg den gesamten Kontinent erfasst hatte — also nach Wallenstein und Gustav Adolf, nach Napoleon und Hitler. Krieg schreckt ab, aber leider nicht für immer.

Auf Berliner Boden selbst wurde übrigens erstaunlich selten gekämpft: Sicher, es gab den Zweiten Weltkrieg, als die Stadt fünf Jahre lang immer wieder bombardiert wurde und am Ende der Häuserkampf folgte. Ansonsten aber blieben die Kriege etwas weit Entferntes. Ausnahmen sind der Siebenjährige Krieg, als Berlin gleich zweimal erobert wurde — 1757 von Österreich und 1760 von Russland. Und der Teltow-Krieg im 13. Jahrhundert, als sich die Askanier in Berlin mit den Wettinern in Köpenick bekriegten. Napoleon konnte 1806 zwar triumphal durch das Brandenburger Tor reiten, hatte die Stadt aber kampflos eingenommen.

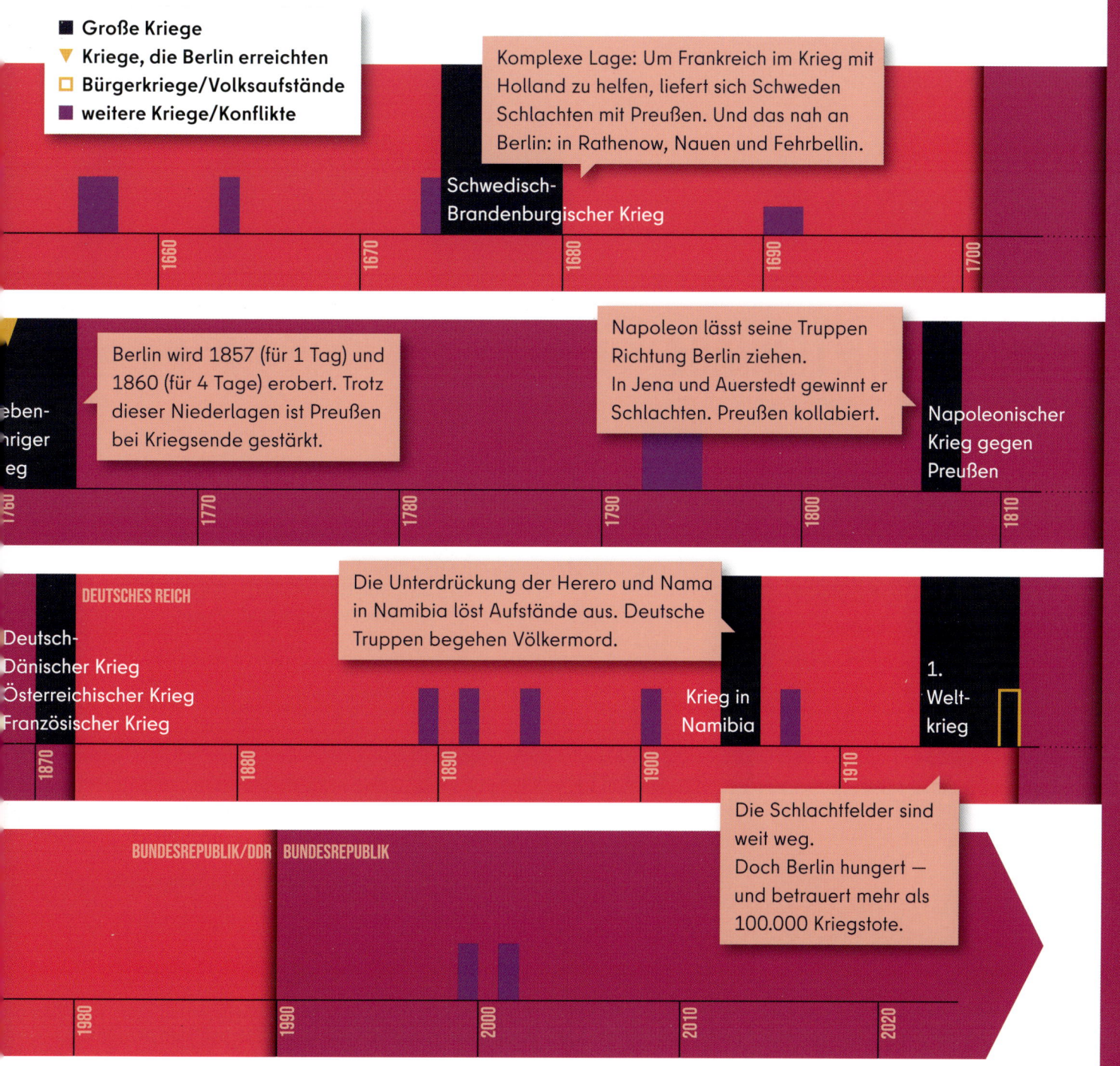

BERLINER ABGEORDNETENHAUS
GERINGE OSTQUOTE

59 % WOHNEN IN WEST

zum Vergleich:
BEVÖLKERUNG 2023

66 % AUS WEST
lebten vor dem Mauerfall in West-Berlin bzw. der BRD.

ABGEORDNETENHAUS
19. Wahlperiode: 2023—2026

Aufteilung innerhalb der Fraktionen

Fraktion	
CDU	69 %
SPD	68 %
GRÜNE	68 %
LINKE	36 %
AFD	88 %

Aufteilung nach Geburtsjahr

1980er	63 %
1970er	72 %
1960er	76 %
1940er/'50er	86 %

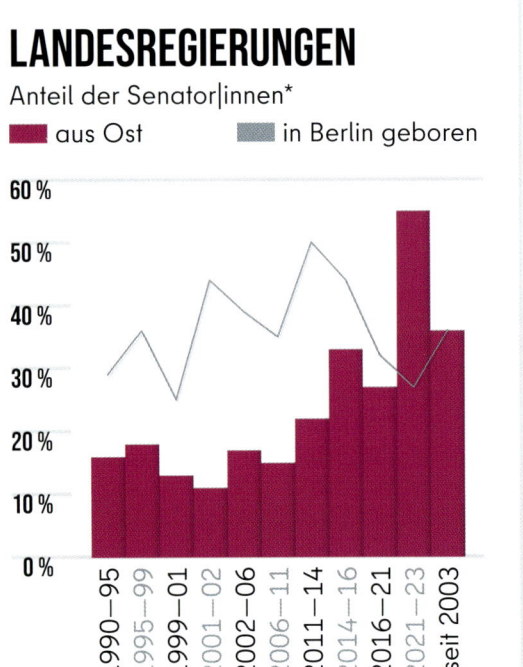

LANDESREGIERUNGEN
Anteil der Senator|innen*
- aus Ost
- in Berlin geboren

(1990–95, 1995–99, 1999–01, 2001–02, 2002–06, 2006–11, 2011–14, 2014–16, 2016–21, 2021–23, seit 2003)

Von den Abgeordneten, die 2023 in einem Ost-Berliner Wahlkreis kandidiert haben, sind nur 48 % in Ost-Berlin bzw. der DDR aufgewachsen. Diejenigen, die in West-Berlin kandidierten, stammten dagegen zu 84 % aus West-Berlin bzw. der BRD.

41 % WOHNEN IN OST

9 % sind erst nach dem Mauerfall geboren und/oder eingewandert

25 % AUS OST
lebten vor dem Mauerfall in Ost-Berlin bzw. der DDR.

Anteil der gebürtigen Berliner|innen
49 %

21 %	71 %
29 %	47 %
12 %	35 %
59 %	32 %
12 %	35 %

31 %	49 %
28 %	57 %
24 %	34 %
14 %	57 %

Nach dem Mauerfall war schnell klar: Wer in der DDR an den Schaltstellen der Macht gesessen hatte, würde im wiedervereinigten Land keine wichtigen Ämter mehr übernehmen können. Dementsprechend schwierig war es, für die Posten genug unverdächtige Kandidat|innen zu finden, die zu besetzen waren. Und dementsprechend waren die Ostdeutschen erst einmal unterrepräsentiert bei den Top-Jobs in Politik, Wirtschaft und Kultur.

Dieses Ungleichgewicht setzt sich bis heute fort, wie ein Blick in die Stadtpolitik zeigt: Nur jeder vierte Abgeordnete im Berliner Parlament ist im Osten aufgewachsen — also in Ost-Berlin oder anderswo in der DDR. Und während viele Westler|innen im Ost-Teil der Stadt kandidieren, ist der umgekehrte Fall noch immer selten.

Immerhin hat sich die Lage in der Landesregierung geändert: Der Anteil der Ostdeutschen unter den Senator|innen ist über die Jahre gestiegen, zumindest im Trend. Mit Franziska Giffey hatte die Stadt zwischenzeitlich auch eine im Osten aufgewachsene Regierungschefin. Ihre Vorgänger Diepgen, Wowereit und Müller dagegen stammen aus dem Westen, ebenso Nachfolger Wegner. Interessanterweise sind alle vier gebürtige Berliner. Ihre neun Vorgänger — von Reuter über Brandt bis Weizsäcker — waren allesamt Zugezogene.

WAHLEN ZUM STADTPARLAMENT

HOCHBURGEN & SWING

"Der Wedding bleibt rot", das war früher ein berühmter Schlachtruf. Und tatsächlich war das Arbeiterviertel im Norden der einzige Bezirk, in dem die NSDAP bei der Berlin-Wahl 1933 nicht stärkste Partei wurde. Stattdessen lag hier, ein letztes Mal, die kommunistische KPD vorne. Geändert hat es nichts mehr: Hitler war da bereits Reichskanzler und der Weg frei zur braunen Diktatur.

Eher links war der Stadtteil auch nach dem Krieg wieder, lange wurde hier stramm SPD gewählt. Später setzte sich die CDU an die Spitze, dann wieder die SPD, dann sogar die Grünen — und der Wedding wurde zum

STÄRKSTE PARTEI IM JEWEILIGEN BEZIRK

Zweitstimmen

- ■ Konservatismus — bis 1933: Zentrum / seit 1945: CDU
- ■ Sozialdemokratie — SPD / 1921/25: inkl. USPD
- ■ Kommunismus/Sozialismus — bis 1933: KPD / 1990 bis 2007: PDS / seit 2007: Die Linke / 1946 bis 1989: SED
- ■ Liberalismus — bis 1933: DVP/DDP / bis 1946: LDP / seit 1948: FDP

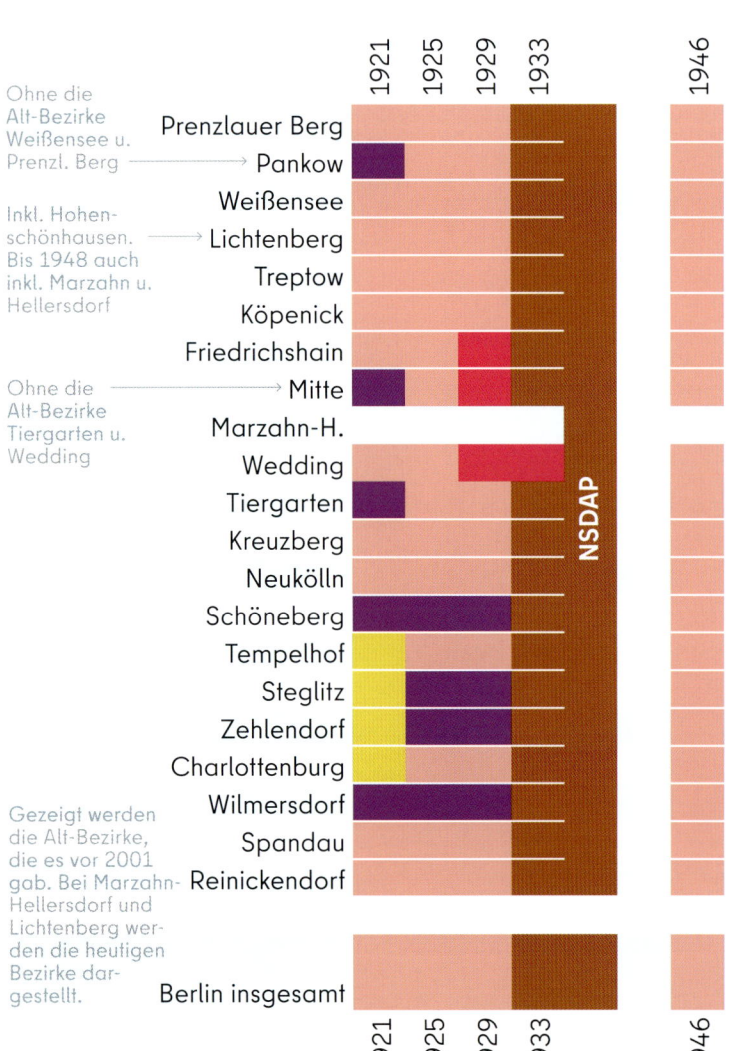

BEZIRKE

Swing-Bezirk. Betrachtet man die Wahlergebnisse in den Alt-Bezirken — also in den Bezirksgrenzen, die bis 1999 galten — so fällt auf, dass Berlin auch politisch enorm vielfältig ist: Bei vielen Wahlen gab es gleich vier Parteien, die in mindestens einem Bezirk das Rennen machen konnten.

Inzwischen gibt es auch einige Faustregeln: In Zehlendorf zum Beispiel gewinnt immer die CDU, in Kreuzberg immer die Grünen. Und wer in Charlottenburg vorne liegt, der tut das auch in der gesamten Stadt. So war es zumindest bei 24 der 26 Wahlen, die in den letzten gut 100 Jahren stattfanden.

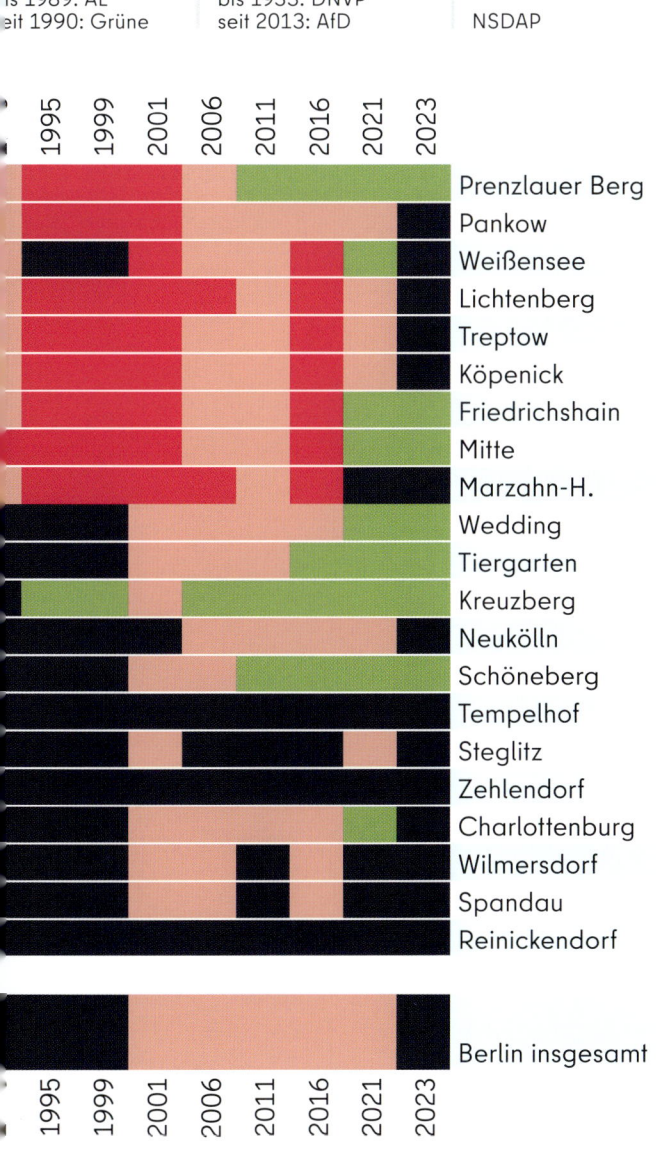

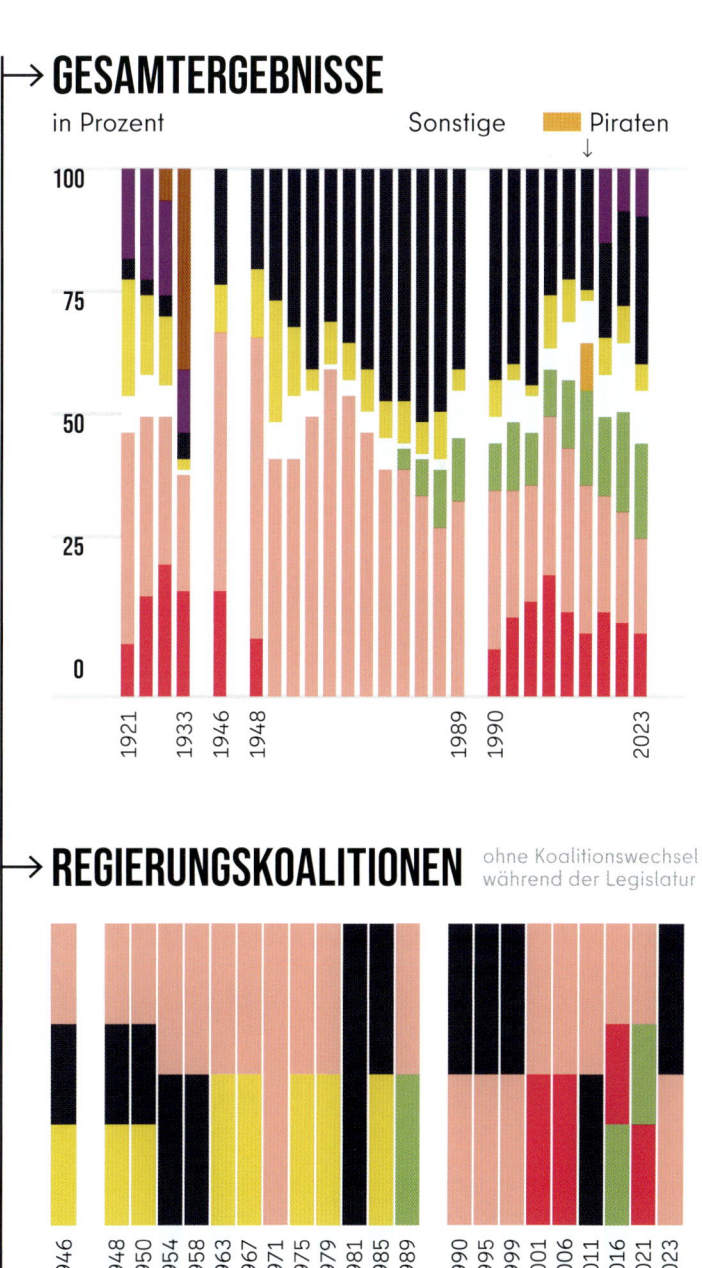

MEINUNGEN UND WERTE

HAUPTSTADT? JA. DURCHSCHNITT? NEIN!

In Berlin ticken die Menschen anders, heißt es oft. Wer sich durch soziologische Umfragestudien fräst, der merkt: Das stimmt durchaus. Wenn es um Wertvorstellungen und Ideale geht, um Moralisches und Politisches, dann unterscheidet sich die statistische Verteilung der Antworten, zumindest ein Stück weit. Beispiel Religiosität: In Berlin bezeichnen sich 40 Prozent als ganz und gar nicht religiös, in Deutschland insgesamt nur 28 Prozent. Arbeitende Mütter werden in der Hauptstadt seltener kritisch betrachtet, Menschen aus dem Ausland auch. Eine nennenswerte Verbundenheit zu Deutschland als Ganzem spüren hier zwei Drittel der Befragten, landesweit aber drei Viertel. Und dass manche Menschen vor allem deshalb mehr Geld und Ansehen haben, weil sie sich mehr anstrengen? Wird in Berlin seltener so gesehen.

Natürlich haben wir Fragen ausgewählt, bei denen es Unterschiede gibt. Das soll nicht überdecken, dass vieles ähnlich empfunden und bewertet wird: Auf die Frage, wie zufrieden man — auf einer Skala von 1 bis 10 — mit dem eigenen Leben ist, ist der meistgenannte Wert die 8 und der Durchschnitt die 7. Hier wie dort.

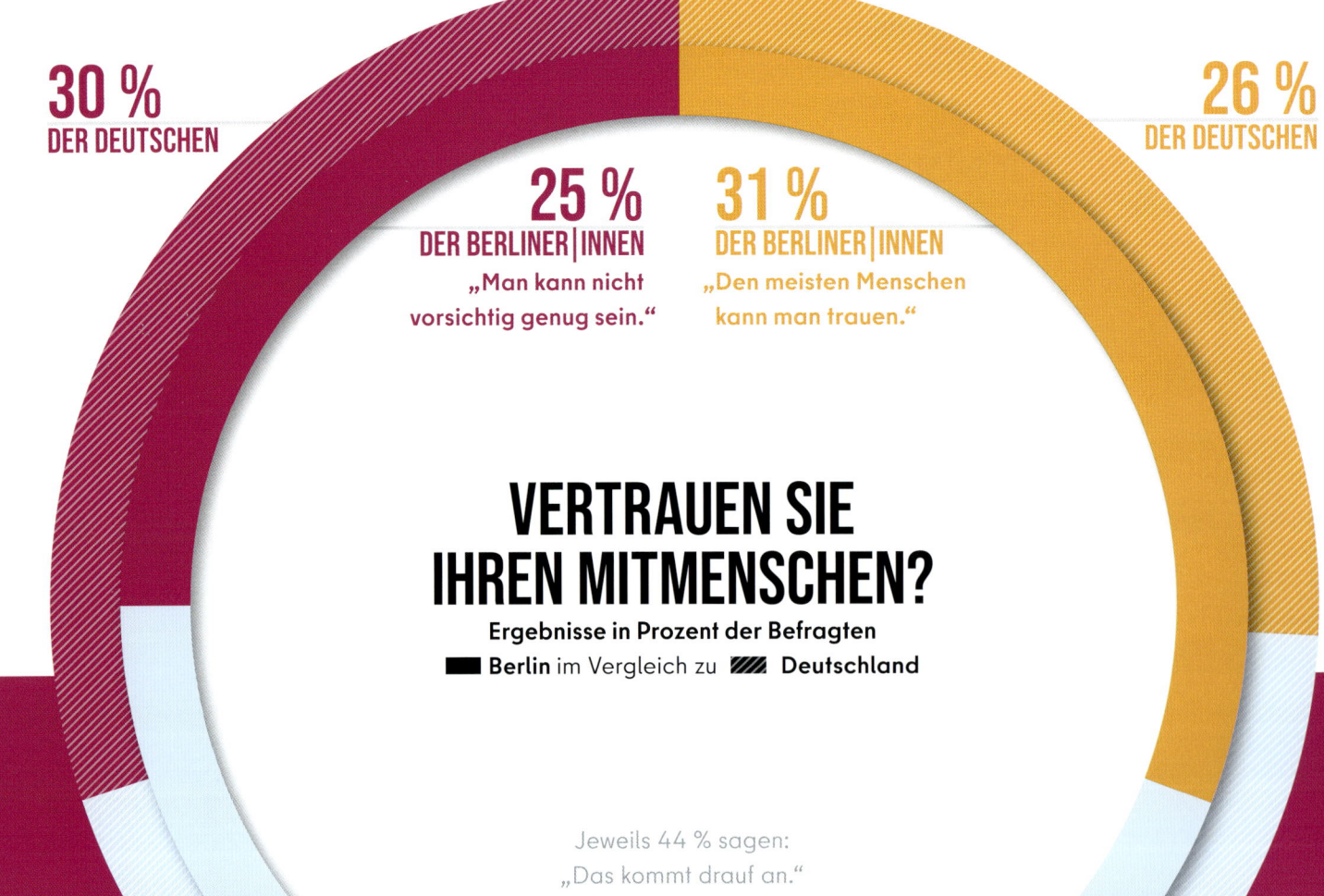

30 % DER DEUTSCHEN

25 % DER BERLINER|INNEN
„Man kann nicht vorsichtig genug sein."

31 % DER BERLINER|INNEN
„Den meisten Menschen kann man trauen."

26 % DER DEUTSCHEN

VERTRAUEN SIE IHREN MITMENSCHEN?
Ergebnisse in Prozent der Befragten
■ **Berlin** im Vergleich zu ▨ **Deutschland**

Jeweils 44 % sagen:
„Das kommt drauf an."

Ergebnisse in Prozent der Befragten:

Berlin im Vergleich zu **Deutschland**

„Nur wenn die Unterschiede im Einkommen groß genug sind, gibt es auch einen Anreiz für persönliche Leistungen."

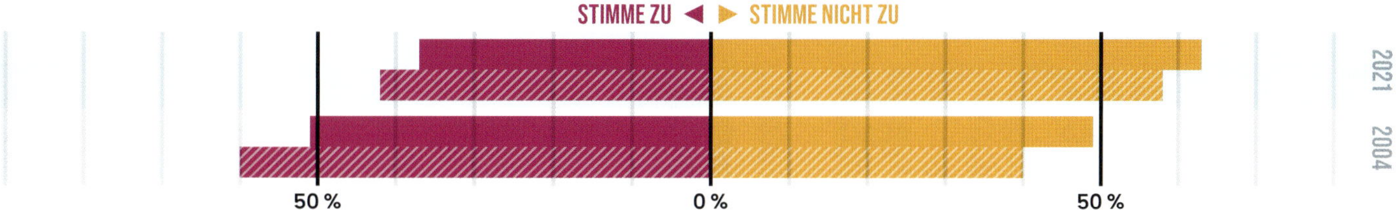
STIMME ZU ◀ ▶ STIMME NICHT ZU
2021
2004
50 %
0 %
50 %

Die Sozialleistungen sollte man in Zukunft ...

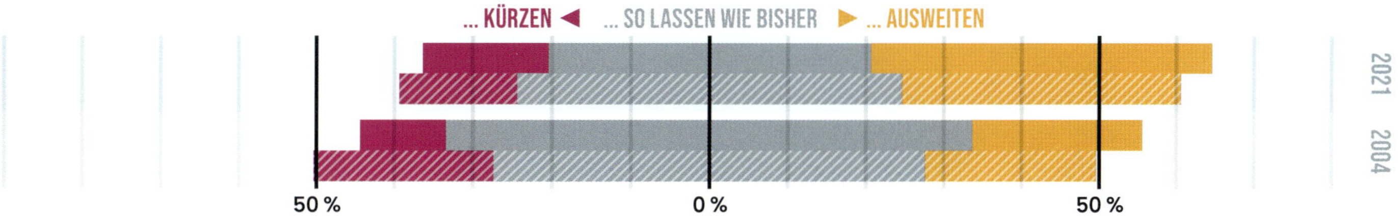
... KÜRZEN ◀ ... SO LASSEN WIE BISHER ▶ ... AUSWEITEN
2021
2004
50 %
0 %
50 %

„Ein Kleinkind wird sicherlich darunter leiden, wenn seine Mutter berufstätig ist."

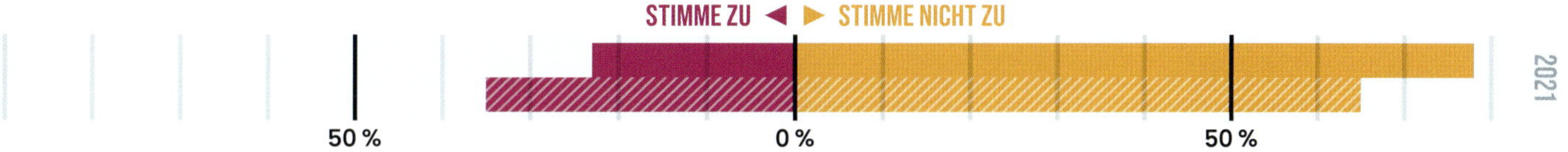
STIMME ZU ◀ ▶ STIMME NICHT ZU
2021
50 %
0 %
50 %

Paare/Familien: Wer bereitet bei Ihnen die Mahlzeiten zu?

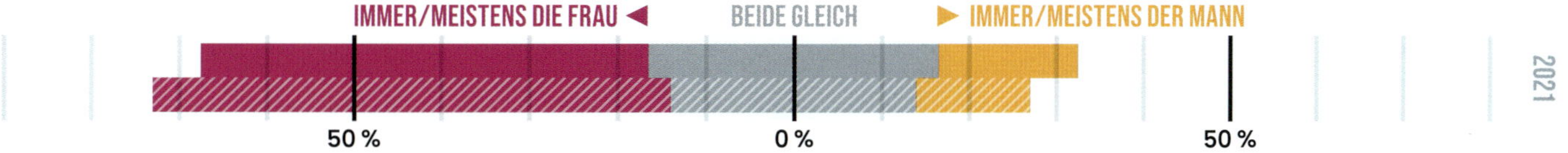
IMMER/MEISTENS DIE FRAU ◀ BEIDE GLEICH ▶ IMMER/MEISTENS DER MANN
2021
50 %
0 %
50 %

Den Zuzug von Arbeitnehmer|innen aus Nicht-EU-Staaten sollte man ...

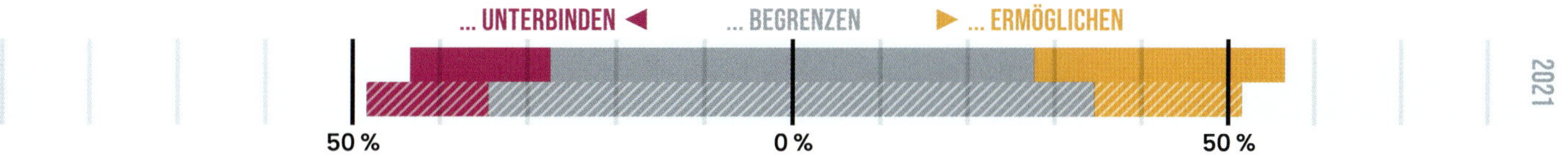
... UNTERBINDEN ◀ ... BEGRENZEN ▶ ... ERMÖGLICHEN
2021
50 %
0 %
50 %

Wie hat sich die Kriminalität in Deutschland in den letzten Jahren entwickelt?

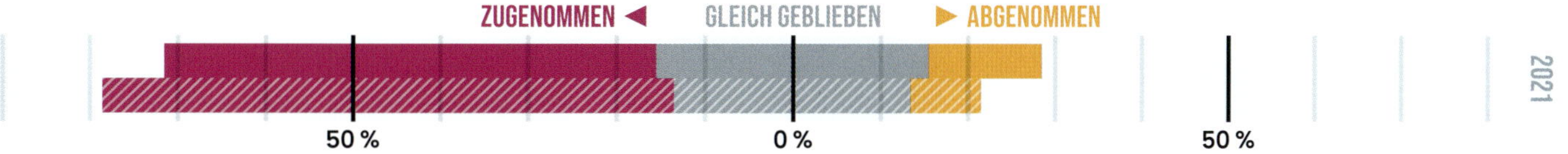
ZUGENOMMEN ◀ GLEICH GEBLIEBEN ▶ ABGENOMMEN
2021
50 %
0 %
50 %

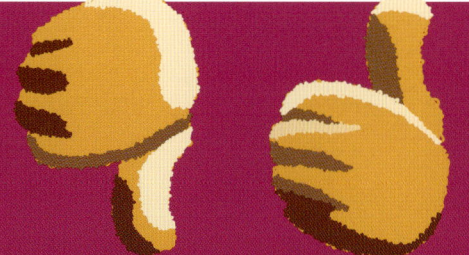

BERLINER MAUER

MANCHMAL IST SIE NOCH DA

Verlauf der Mauer (1961 bis 1989)

WO SICH DIE KIEZE MIT DEN HÖCHSTEN ARBEITSLOSENQUOTEN BEFINDEN:

Berücksichtigt sind jeweils die 25 % Kieze mit den höchsten Quoten.

2020: 81 % West / 19 % Ost
1998: 69 % West / 31 % Ost

Von der Mauer, die Berlin 28 Jahre lang geteilt hat, merkt man im Stadtbild nicht mehr viel. Ein schmaler Streifen Pflastersteine markiert heute ihren Verlauf, mehr ist kaum geblieben. Trotzdem gibt es Stellen, wo sie noch heute eine Art Grenze bildet, eine soziale Grenze. Dort liegen Kieze nebeneinander, die unterschiedlicher kaum sein könnten. Ärmere Viertel auf westlicher Seite, in den 1960ern und 1970ern im „Zonenrandgebiet" hochgezogen, grenzen an — heute sehr begehrte — Altbau-Kieze auf östlicher Seite. Hochhausgebiete wie das Märkische Viertel und die Weiße Siedlung sind Beispiele dafür. Ihnen gegenüber liegen die beliebten Wohnlagen Rosenthal beziehungsweise Plänterwald.

Besonders nah sind sich zwei Gegensatz-Kieze an der Bernauer Straße im Bezirk Mitte. Auf der nördlichen Straßenseite liegt das Brunnenviertel, das beim Sozialmonitoring der Stadt Berlin meist in schwache Status-Kategorien einsortiert wird. Und auf der südlichen Seite beginnt der Arkonakiez, der inzwischen die höchste Bewertung bekommt. Vor der Jahrtausendwende lag die Arbeitslosenquote hier noch über dem Berliner Schnitt, heute steht sie weit darunter. Austausch zwischen beiden Kiezen scheint es kaum zu geben. Auffällig ist, dass die Viertel mit den größten Sorgen heute zu mehr als zwei Dritteln in West-Berlin zu finden sind. Manches hat sich also umgekehrt seit den Mauerzeiten.

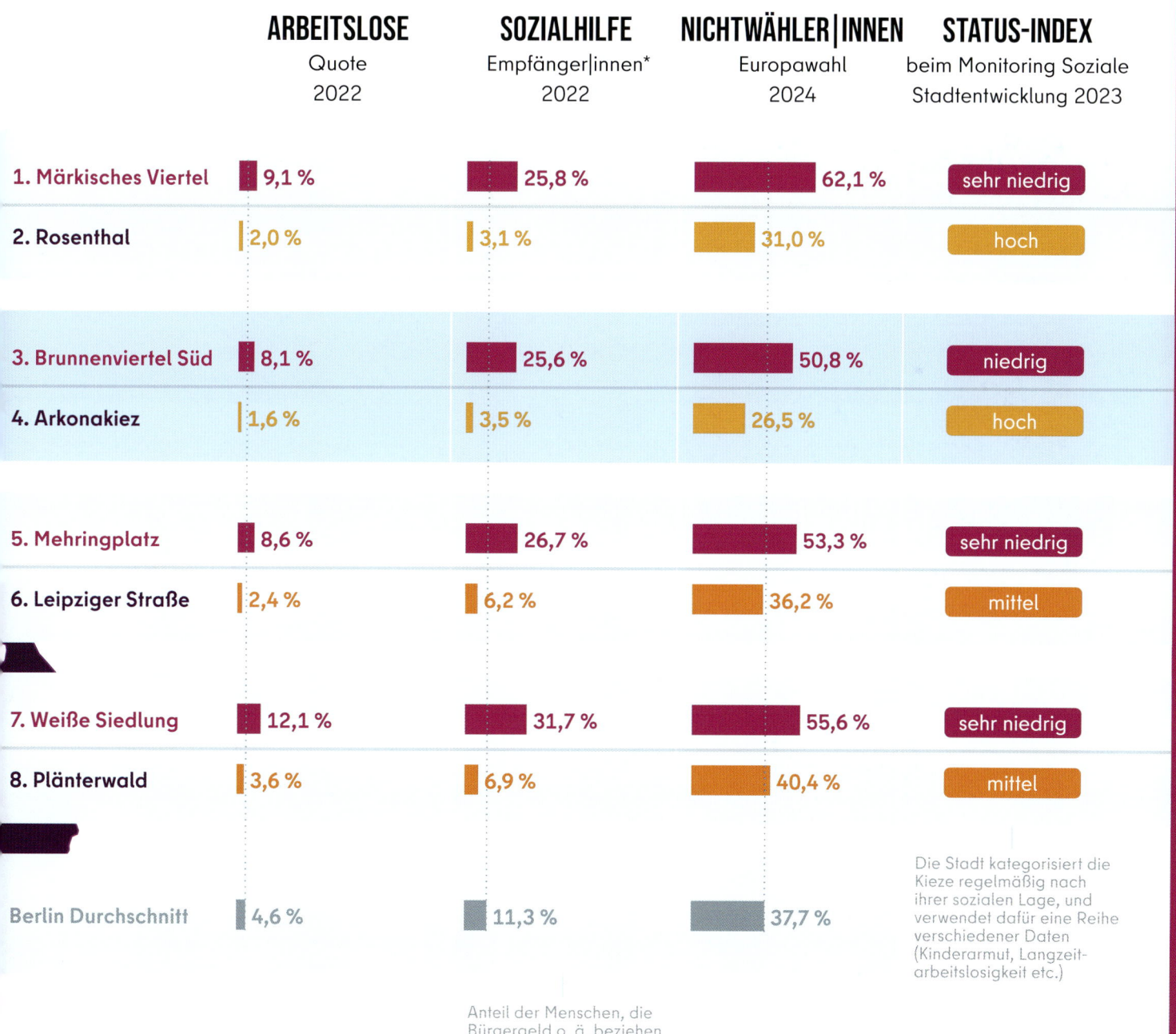

	ARBEITSLOSE Quote 2022	SOZIALHILFE Empfänger|innen* 2022	NICHTWÄHLER|INNEN Europawahl 2024	STATUS-INDEX beim Monitoring Soziale Stadtentwicklung 2023
1. Märkisches Viertel	9,1 %	25,8 %	62,1 %	sehr niedrig
2. Rosenthal	2,0 %	3,1 %	31,0 %	hoch
3. Brunnenviertel Süd	8,1 %	25,6 %	50,8 %	niedrig
4. Arkonakiez	1,6 %	3,5 %	26,5 %	hoch
5. Mehringplatz	8,6 %	26,7 %	53,3 %	sehr niedrig
6. Leipziger Straße	2,4 %	6,2 %	36,2 %	mittel
7. Weiße Siedlung	12,1 %	31,7 %	55,6 %	sehr niedrig
8. Plänterwald	3,6 %	6,9 %	40,4 %	mittel
Berlin Durchschnitt	4,6 %	11,3 %	37,7 %	

*Anteil der Menschen, die Bürgergeld o. ä. beziehen

Die Stadt kategorisiert die Kieze regelmäßig nach ihrer sozialen Lage, und verwendet dafür eine Reihe verschiedener Daten (Kinderarmut, Langzeitarbeitslosigkeit etc.)

LOKALPOLITIK

KÜMMERN UM DEN KIEZ

660 BEZIRKSVERORDNETEN-VERSAMMLUNGEN

8 Tierschutzpartei
135 | Grüne
22 FDP
136 | SPD
159 Berliner Abgeordnetenhaus (Landtag)
89 | Die Linke
25 von 734 Bundestagsabgeordneten stammen aus Berlin.
25 Bundestag
14 von 96 deutschen bzw. von insgesamt 705 Abgeordneten kommen aus Berlin.
14 Europaparlament
2 | Die Partei

Hauptberuflich Politik zu machen, etwa im Bundes- oder Landtag, ist prestigeträchtig und lukrativ. Anders ist die Situation all derer, die ehrenamtlich in der Kommunalpolitik aktiv sind. Abends, wenn die meisten Leute längst auf der Couch liegen, sitzen sie in den Rathäusern und debattieren über Verkehrsführungen, Sozialeinrichtungen, Straßennamen und Sportstätten. Und das alles fernab der Fernsehkameras — und nur für ein besseres Taschengeld.

Ohne Übertreibung: Jene 12 mal 55 Menschen, die in den Bezirksverordnetenversammlungen (BVV) Feierabendpolitik machen, sind die wahren Held|innen Berlins. Und sie tragen viel Verantwortung, denn die Bezirke sind riesig: Wären sie eigenständig, läge Pankow — vor Bochum — auf Rang 15 der größten deutschen Städte. Und selbst Spandau käme auf Platz 42, vor Freiburg. Zwar tagt eine BVV nur rund zehnmal im Jahr. Doch jede von ihnen hat noch etwa 15 Fachausschüsse, die regelmäßig zusammenkommen. Die Arbeitsleistung ist enorm.

In der Regel tagen die BVVen übrigens öffentlich, meist in stattlichen holzvertäfelten Sitzungssälen. Den beeindruckendsten hat das Schöneberger Rathaus. In Lichtenberg dagegen werden nur ein paar Tische zusammengeschoben, in einer Schulaula.

AUFWAND

Die Bezirksverordneten eines Berliner Bezirks ...

... kommen rund 10 Mal im Jahr zur Bezirkverordnetenversammlung zusammen.

... treffen sich regelmäßig zu Fachausschüssen und Fraktionssitzungen.

... stimmen pro Jahr über 100 und mehr Vorlagen ab.

... reichen pro Jahr 100 und mehr schriftliche Fragen bei der Verwaltung ein.

... werden von ehrenamtlichen Bürgerdeputierten unterstützt, die im Auftrag der Fraktionen in einzelnen Ausschüssen mitarbeiten.

BERLINER ABGEORDNETE
Anzahl

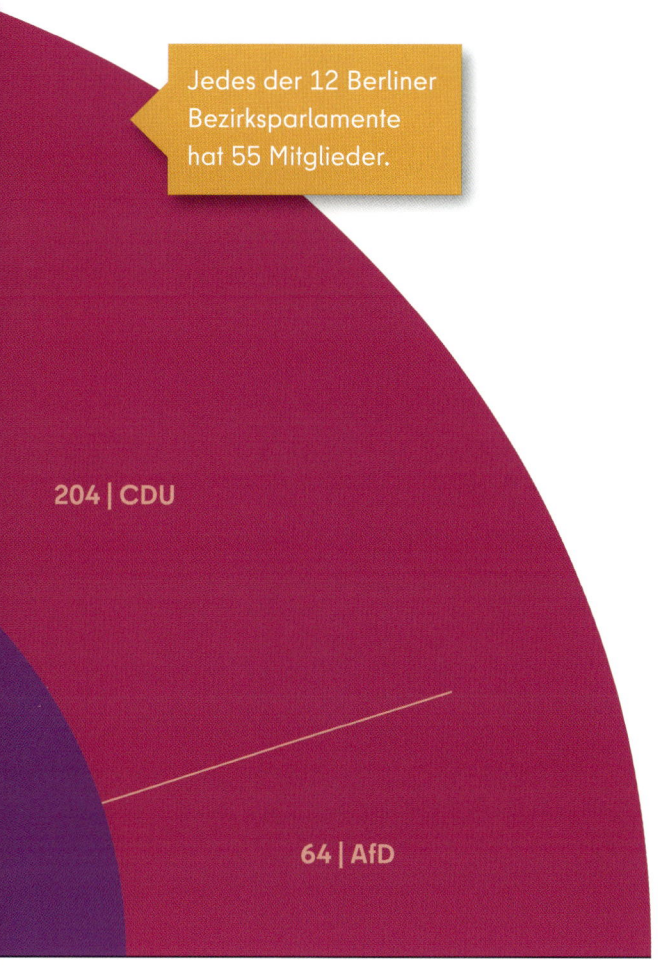

Jedes der 12 Berliner Bezirksparlamente hat 55 Mitglieder.

204 | CDU

64 | AfD

zum Vergleich:
BRANDENBURGISCHE ABGEORDNETE

In Brandenburg gibt es über 400 Gemeinden mit eigenen kleinen Parlamenten.

CA. 7.000 IN KOMMUNALPARLAMENTEN
88 im Landtag
25 im Bundestag
2 im Europaparlament

= Kreistage und Gemeindevertretungen (ohne Ortsbeiräte)

WENN BERLINS BEZIRKE EIGENE STÄDTE WÄREN
Bevölkerung

#	Stadt	Bevölkerung
1	Hamburg	1.809.000
...		
14	Duisburg	501.000
15	Pankow	400.000
16	Mitte	357.000
17	Wuppertal	357.000
18	Bochum	354.000
19	Tempelhof-Schöneberg	331.000
20	Bielefeld	330.000
21	Bonn	322.000
22	Charlottenburg-Wilmersdorf	317.000
23	Mannheim	314.000
24	Karlsruhe	305.000
25	Neukölln	305.000
26	Münster	304.000
27	Steglitz-Zehlendorf	295.000
28	Augsburg	295.000
29	Lichtenberg	291.000
30	Wiesbaden	284.000
31	Treptow-Köpenick	276.000
32	Marzahn-Hellersdorf	270.000
33	Gelsenkirchen	264.000
34	Mönchengladbach	264.000
35	Friedrichshain-Kreuzberg	264.000
36	Aachen	261.000
37	Reinickendorf	253.000
...		
42	Spandau	238.000

BEZAHLUNG pro Monat

Europaparlament
10.400 € Dienstbezüge
+ 5.000 € Spesenpauschale
+ 350 € Tagegeld pro Sitzungstag

Bundestag
11.200 € „Diät" (Abgeordnetenentschädigung)
+ 5.100 € Pauschale

Berliner Abgeordnetenhaus (Landtag)
7.200 € „Diät"
+ 3.200 € Pauschale für Ausgaben

Bezirksverordnetenversammlung
1.100 € Grundentschädigung
+ 30 € pro Plenartag
+ 20 € pro Ausschuss-/Fraktionssitzung

GESCHICHTE & POLITIK: DIES UND DAS

DAS FANDEN WIR AUCH

1895 gab es in Berlin noch
75.000 SCHLAFLEUTE.
So nannte man Menschen, die keine eigene Wohnung hatten und tagsüber in den Betten anderer Leute schliefen.

Im Jahr 1905 machten **568** Jugendliche in Berlin Abitur. 2023 waren es **13.719**

Die Anzahl der Menschen, die aus Ost-Berlin in die Bundesrepublik abhauten, fehlte in den Statistischen Jahrbüchern der DDR. Die einzige Ausnahme war die allerletzte Ausgabe von 1990. Demnach waren es im Jahr zuvor
29.991 MENSCHEN.

1921 hielten
102.000 HAUSHALTE
in Berlin noch
EIGENES VIEH.
Die Zahl sank danach allerdings schnell. 1927 waren es nur noch gut halb so viele.

Diese Zahlen stellten selbst Willy Brandt in den Schatten: Bei den Reichstagswahlen 1912 bekam die SPD in Berlin

75 % DER STIMMEN.

NOCH INTERESSANT

Im November 1923 (also während der Hyperinflation) kostete ein Bus-Fahrschein
150.000.000.000 MARK.
Kurz darauf (nach der Währungsreform) waren es 0,15 Mark.

Um eine Familie zu gründen, war die Zeit der Wende wohl zu aufwühlend: In Ost-Berlin sank die Zahl der Neugeborenen

von **17.000** auf **9.000**

1989 — 1991

Viel Landwirtschaft gibt es in Berlin nicht mehr. Während allein Ost-Berlin 1959 noch auf 30 km² für den Getreideanbau kam, sind es heute in ganz Berlin nur noch

6 KM²

1875 hatten
44.000
von insgesamt 214.000 Berliner Haushalten
EIGENE DIENSTBOT|INNEN.
Also etwa jeder fünfte.

Das gesellschaftliche Klima der 1920er Jahre galt als liberal, doch das Rechtssystem war es nicht. 1929 wurden in Berlin
20 MÄNNER
wegen des sogenannten Schwulen-Paragrafen
VERURTEILT.
Später, unter Hitler, explodierte die Zahl.

WIRTSCHAFT & ARBEIT

WIRTSCHAFT & ARBEIT

WAS BERLIN VERBRAUCHT

1 JAHR IN WÜRFELN

Im Datenjournalismus hat man die Aufgabe, Größenverhältnisse möglichst anschaulich und plastisch darzustellen. So einfach ist das aber gar nicht. Klar, man kann Flächen in Fußballfelder umrechnen. Aber wenn man hört, dass Berlin so groß ist wie 125.000 Fußballfelder — macht es das anschaulicher? Oder dass hier pro Jahr Trinkwasser in einer Menge verbraucht wird, die 1,7 Milliarden vollen Badewannen entspricht? Wie soll man im Geiste so viele Wannen nebeneinanderstellen? Vielleicht sind die klassischen Größeneinheiten am Ende doch besser — also Meter und Kilogramm und alles, was man daraus ableiten kann.

Vielleicht sind die Badewannen-Volumina, Fußballfelder-Flächen und Elefanten-Gewichte aber auch einfach zu sehr um die Ecke gedacht. Um schlichter vorzugehen, haben wir uns entschlossen, uns Berlin als Würfel vorzustellen und auszumessen. Würde man beispielsweise die rund 70 Milliarden Euro Schulden des Bundeslandes Berlin in Ein-Euro-Münzen in einen Würfel hineinstapeln, dann wäre dieser 45 Meter hoch, 45 Meter breit und 45 Meter tief. Mit einer Kantenlänge von 55 Metern etwas größer wäre ein Würfel, der Kartons mit all den Eiern enthält, die in Berlin pro Jahr verspeist werden. Und ein Würfel mit allen Autos der Stadt drin? 240 Meter!

REGENWASSER
Der jährliche Niederschlag beläuft sich auf ungefähr 550 mm bzw. 550 l/m². Bei einer Landesfläche von 892 km² ergibt dies insgesamt rund 500 Mrd. Liter. Also wird aus der Erde fast halb so viel Wasser herausgepumpt, wie als Regenwasser drauffällt.

HAUSMÜLL
Rund 800.000 Tonnen Hausmüll fallen pro Jahr an: Da dieser meist locker liegt, setzt man ein Gewicht von 100 g/l an. Bei Biomüll ist es übrigens 2,5 Mal so viel.

TRINKWASSER
215 Mrd. Liter Wasser im Jahr: Das sind rund 160 Liter pro Einwohner|in und Tag. Allerdings verbraucht ja auch die Wirtschaft einiges davon.

IBUPROFEN
Hierzulande werden rund 1 Mio. Ibuprofen Packungen pro Woche verkauft, in Berlin also wohl rund 45.000.

„Ick sache dir, dit is jroß! Die ham mia 100 Meeta jroß machn müssn, damit ick noch jesehen werde!"

KOHLENDIOXID
Bei der Produktion der Energie, die in Berlin pro Jahr genutzt wird, entstehen rund 15 Mio. Tonnen Kohlendioxid. Bei uns auf der Erde hat eine Tonne des Gases ein Volumen von gut 500 m³.

2.000 m Kantenlänge

Zum Vergleich: Fernsehturm, 368 m hoch

Zum Vergleich: Ku'damm, 3,5 km lang

TREIBSTOFF
Pro Jahr werden hierzulande 65 Mrd. Liter Sprit verkauft und jedes 40. Kfz ist in Berlin angemeldet. Rein rechnerisch sind es somit 1,6 Mrd. Liter.

120 m

60 m

ZUCKER
Rund 2,8 Mio. Tonnen Zucker werden in Deutschland pro Jahr gegessen. Da ungefähr 4,5 % der Deutschen in Berlin leben, kann man hier von 125.000 Tonnen ausgehen.
1 kg Zucker = 1 Liter

40 m

BIER
In der Biersteuerstatistik werden die Absätze für Berlin und Brandenburg als eins ausgewiesen. Wenn beide Länder gleich durstig sind, entfallen 60 % — d.h. 2,2 Mio. Hektoliter — auf die Hauptstadt.

6 m

i einer typischen ckungsgröße von × 4 × 2,5 cm kom- en jährlich gute 0 m³ zusammen.

FRISEURNAMEN

Markante Namen für Läden und Etablissements haben in Berlin eine lange Tradition: Man denke etwa an das Eldorado, wo sich die queere Szene der Weimarer Republik traf. Oder an das Kaffeehaus Größenwahn, das die Avantgarde der Schriftstellerei versammelte. Es gab lautmalerische Namen, andeutungsreiche, metaphorische.

Wortwitze im Titel dagegen sind eher eine Entwicklung unserer Zeit. Kaum ein Mülleimer oder Werbeplakat kommt heute ohne ulkiges Wortspiel aus. Und natürlich gibt es unzählige Läden mit einem kleinen Gag im Namen — wie die Autovermietung Renntier, der Waschsalon Schleudertraum oder der Imbiss Bundesburger.

Sogar die Linguistik beschäftigt sich mit dem Thema. Ein Wortspiel, so lernen wir dort, ist durch die gleichzeitige Präsenz klar unterscheidbarer Bedeutungen gekennzeichnet und dient als „Attraktor", also als etwas, das Aufmerksamt schafft.

Der unangefochtene König des Wortwitzes bleibt jedoch auf jeden Fall das Friseurhandwerk, auch in Berlin. Unsere Auswertung des Branchenverzeichnisses zeigt, dass etwa jeder zehnte Salon ein — mehr oder weniger geistreiches — Wortspiel im Titel trägt. Eine noch höhere Quote soll es nur in Mecklenburg-Vorpommern geben, während sie im Südwesten Deutschlands offenbar eher niedrig ist.

HAIR WORT IN HAUPT

27× GLEICHE AUSSPRACHE, ANDERE SCHREIBWEISE

[HAIR = HERR]
3× HAIRLICH
HAIRLICHE ZEITEN
HAIR MÜLLER

[SONSTIGE]
HAARSPREE
HAIR'CHEN
KAMM'IN
UNICUT Liest sich wie „Unikat"
SCHICKHAIRIA
HAARWAII
WARE SCHÖNHEIT

[HAAR = HAR]
5× HAAR-MONIE
HAARMONIKA
VIELHAARMONIE
MATA HAARI
Mata Hari war eine niederländische Tänzerin und Spionin

[HAIR = HER]
HIN & HAIR   HAIRREIN
HAIRREINSPAZIERT
2× DIE HAIR-RICHTER
DIE HAIRMSDORFER
BACK4HAIR

13× KLEINE ÄNDERUNG DER LAUTLICHEN GESTALT

[HAIR = AIR]
HAIRPLANES
HAIRPORT
ONHAIR
OPEN HAIR

[SONSTIGE]
HAIRCOUTURE
PONY & CLYDE
WUNDERHAAR
CUT-CATS
HAARSTIL

4× HAARESZEITEN

...LICHE SPIELE DER STADT

23 × SPIELEREIEN MIT KOPF, SCHNITT ODER HAUPT

[KOPF]
KOPFARBEIT
KOPFGELDJÄGER
KOPFSCHMUCK
KOPFSACHE

[HAUPT]
3 × HAUPT-SACHE-

[SCHNITT]
3 × SCHNITT-STELLE

BÄRENSCHNITT
Schablone für selbstgenähte Kuscheltiere

SCHNITT-ECHT
GUTE SCHNITTE
SCHERENSCHNITTE
STAHLSCHNITT
Aus Metall ausgesägte Kunst
FEINSCHNITT
Wie der Tabak

7 × ABSCHNITT

8 × REDEWENDUNGEN

HAUT & HAAR
SEIDENGLATT
ÜBER KURZ ODER LANG
HAARGENAU & SCHNITTIG
2 × HAARGENAU
2 × HAARSCHARF

17 × WEITERE SPIELEREIEN

HAARE AB
STILBRUCH
PIMP MY HAIR
STILMONOPOL
HAARCHIRURG
RAZOR'S EDGE
SCHNIPP SCHNAPP
SCHAUMSCHLÄGER
KAMM AND SCHERE
FRÄULEIN SCHNEIDER

7 × CUTMAN
Ein Cutman behandelt die Verletzungen von Boxer|innen während des Kampfes

4 × FRISUREN
ENGELSHAAR & TEUFELSLOCKE
LOCKE & GLATZE
PONYCLUB
SCHIEFE LOCKEN

UNTER DEN BERLINER FRISEURLÄDEN FINDET MAN:

82 × SALON **31 ×** STUDIO **11 ×** LOUNGE **6 ×** ATELIER **5 ×** SHOP **2 ×** STÜBCHEN

DER STELLENWERT DER HAUPTSTÄDTE

NICHT DAS ZENTRUM VON ALLEM

WIE VIEL DIE HAUPTSTADT AUSMACHT

Anteil der Hauptstadt am jeweiligen Land

Paris: Hauptstadtregion Île-de-France, die neben der Kernstadt noch weitere Orte enthält

London: Greater London, also Inner London und Outer London zusammen

Warschau: Metropolregion, die neben der Kernstadt auch die umliegenden Kreise enthält

Washington, D.C.: In den USA werden Hotelzimmer gezählt, nicht einzelne Gäste.

KATEGORIE	BERLIN DEUTSCHLAND	WASHINGTON, D.C. USA
EINWOHNER|INNEN 2022	4 % — 3,6 von 83,0 Millionen	0,2 % — 0,7 von 334,9 Millionen
WIRTSCHAFTS-LEISTUNG 2020/21	5 % — 190 von 4.100 Mrd. €	0,6 % — 160 von 25.300 Mrd. €
STUDIERENDE 2020/21	8 % — 0,2 von 2,9 Millionen	0,5 % — 0,1 von 18,7 Millionen
FUSSBALL-MEISTERSCHAFTEN 21. Jahrhundert	0 % — 0 von 25	4 % — 1 von 25
TOURIST. HOTEL-ÜBERNACHTUNGEN 2022	6 % — 30 von 487 Millionen	0,1 % — 10 von 1.300 Millionen

Im Vergleich zu anderen Staaten war Deutschland schon immer ein dezentrales Gebilde: Die Menschen leben recht gleichmäßig über das Land verteilt, die Bundesländer spielen politisch eine große Rolle — und viele Leute identifizieren sich mit ihrem Landstrich genauso wie mit ihrem Land. Dazu passt, dass auch die Hauptstadt nicht das Maß aller Dinge ist: Klar, Berlin ist mit Abstand die größte Stadt, aber sie hat nicht die Bedeutung, die London für Großbritannien hat — oder Paris für Frankreich.

Beispiel Verkehr: Während man das französische Schnellzugnetz sternförmig auf Paris ausgerichtet hat, ist Berlin nur ein Knotenpunkt von vielen. Beispiel Wirtschaft: Von den 40 wichtigsten Börsenunternehmen des jeweiligen Landes beheimatet der Großraum Paris 33, London 26 und Berlin gerade einmal zwei.

Immerhin kulturell ist Berlin wieder das Zentrum Deutschlands: Hier arbeiten elf Prozent aller Erwerbstätigen des Sektors Kunst und Unterhaltung (75.000 von 660.000). Hier werden zwölf Prozent aller Theaterkarten verkauft (1,2 von 9,9 Millionen pro Jahr). Und hier leben 37 Prozent der Gewinner|innen des Deutschen Buchpreises (7 von 19). Und das, obwohl hier nur vier Prozent der Deutschen wohnen.

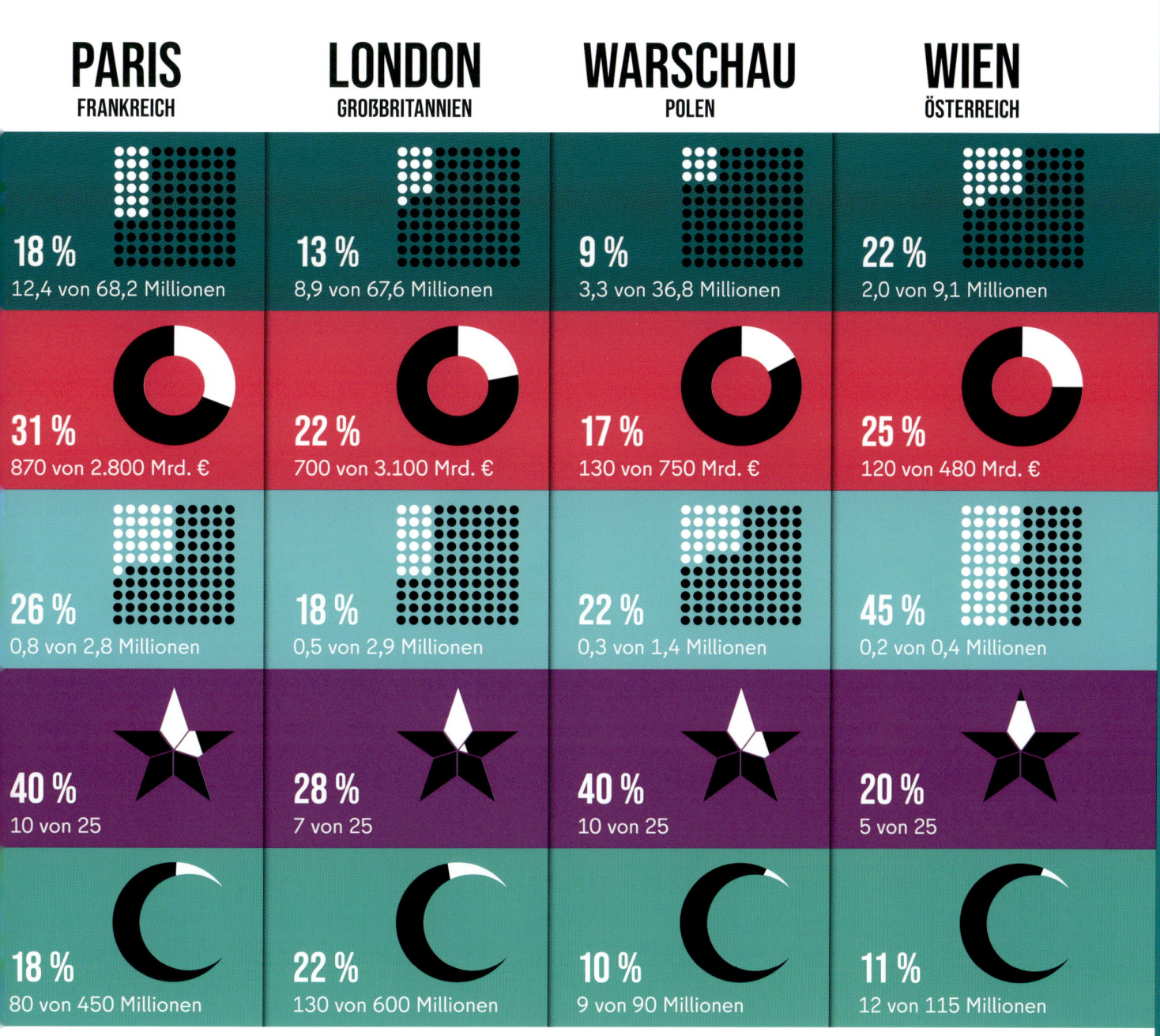

WOCHENARBEITSZEIT
FRÜHER FEIERABEND

Im Jahr 1928 wagte John Maynard Keynes eine Prognose: In 100 Jahren, so der große britische Ökonom, würden die Menschen nur noch 15 Stunden pro Woche arbeiten müssen, um genug zu haben für ein gutes Leben — dank des technologischen Fortschritts und des Produktivitätszuwachses. Mehr Zeit für Müßiggang, mehr Zeit für Freizeit, das war seine Vision für die Generation der Enkel|innen.

Inzwischen ist klar, dass seine Vorhersage nicht zutreffend war. Und dennoch: Die durchschnittliche Arbeitszeit der Menschen sinkt, gerade in Berlin, gerade in unserem Jahrhundert. Während Erwerbstätige in der Hauptstadt im Jahr 2000 noch im Schnitt 38½ Stunden pro Woche gearbeitet haben, sind es inzwischen nur noch 33½. Und während man damals noch zwei Stunden über dem deutschen Mittelwert lag, liegt man inzwischen genau darauf.

Doch es gibt ein großes Aber: Die Arbeitszeit pro Kopf ist nicht deshalb gesunken, weil alle gleichmäßig weniger arbeiten, sondern weil so viele neue Teilzeit-Jobs entstanden sind. Tatsächlich ist der Anteil derer, die erwerbstätig sind, heute sogar höher als zur Jahrtausendwende.

Widerspricht das Keynes? Nicht unbedingt, hatte er doch ohnehin gefordert, die Arbeit auf mehr Köpfe zu verteilen.

2023
33½
STUNDEN PRO WOCHE

Da eine Woche 168 Stunden hat, entspricht dies einem Fünftel aller erlebten Stunden.

2000
38½
STUNDEN PRO WOCHE

ARBEITSZEIT
So viele Stunden arbeiten Erwerbstätige im Durchschnitt pro Woche

deutschlandweiter Durchschnitt:
2000: 36½
2023: 33

Die Statistischen Ämter der Länder geben die geleisteten Arbeitsstunden pro Jahr an. Bei der Umrechnung wurde eine jährliche Arbeitszeit von 40 Wochen angenommen, um Urlaube, Feiertage, Krankschreibungen und Sonderfälle wie den Mutterschutz herauszurechnen.

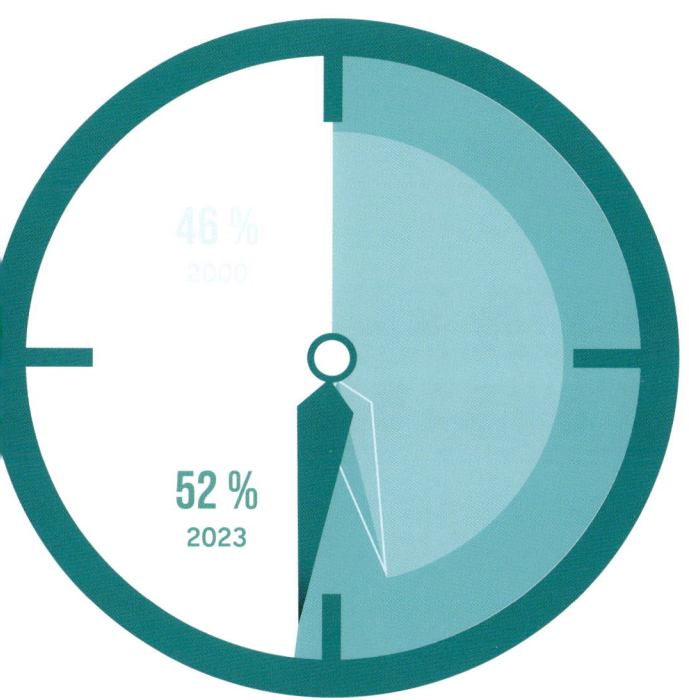

ES GEHEN MEHR LEUTE ARBEITEN, ...
Anteil der Menschen in Berlin, die erwerbstätig sind

46 % 2000
52 % 2023

> Im Saldo basiert der Jobboom der letzten Jahre praktisch ausschließlich auf Teilzeit-Jobs.

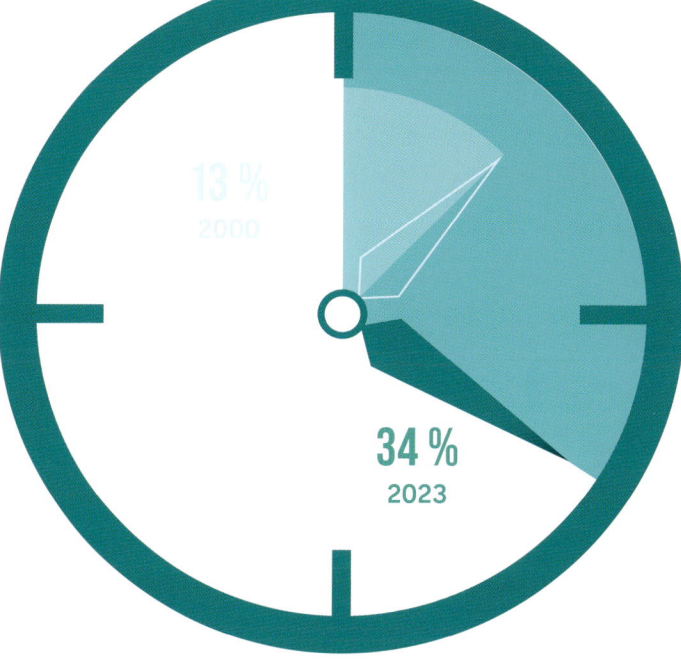

... ALLERDINGS ARBEITEN VIEL MEHR IN TEILZEIT
Anteil der Beschäftigten, die in Teilzeit arbeiten

13 % 2000
34 % 2023

Es ist leider etwas kompliziert, weil die (sozialversicherungspflichtig) Beschäftigten nur ein Teil der Gruppe der Erwerbstätigen sind. Hinzu kommen bspw. noch die Unternehmer|innen. Dennoch dürfte es auch unter diesen inzwischen mehr geben, die nicht in Vollzeit arbeiten.

Freizeit als Wirtschaftsfaktor: Der Sektor **Kunst, Unterhaltung und Erholung** ist in keinem Bundesland so bedeutsam wie in Berlin.

3,6 % DER ERWERBSTÄTIGEN ARBEITEN IN DIESEM SEKTOR.
Deutschlandweit sind es 1,5 %.

EIN BRANCHENABHÄNGIGES PHÄNOMEN
Anteil der sozialversicherungspflichtig Beschäftigten, die in Teilzeit arbeiten — nach Branche

%	Branche
10 %	Maschinen- und Fahrzeugtechnik
11 %	Mechatronik/Elektro
14 %	Informatik/IT
15 %	Anlagenbau
16 %	Einkauf/Vertrieb
25 %	Werbung/Medien
27 %	Sicherheit
30 %	Rechtswesen/Verwaltung
31 %	Management
33 %	Transport
34 %	Hoch- und Tiefbau
42 %	Lebensmittelherstellung
46 %	Gesundheit
48 %	Schule
52 %	Tourismus/Gastronomie
56 %	Verkauf
64 %	Erziehung

FORTSCHRITT
WANDEL ALS NORMALZUSTAND

TECHNOLOGISCHE INNOVATIONEN

Was es … ● … in Berlin als Erstes gab ● … es anderswo in Deutschland schon vorher gab

KÖNIGREICH PREUßEN | **KAISERREICH**

1810 | 1820 | 1830 | 1840 | 1850 | 1860 | 1870 | 1880 | 1890 | 1900

- FINANZEN
- HANDEL
- INDUSTRIE
- MEDIEN
- MEDIZIN
- POLITIK
- TELEKOMMUNIKATION
- UNTERHALTUNG
- VERKEHR
- VERSORGUNG

1809 wählen die Berliner die erste Stadtverordnetenversammlung — aber nur die Männer mit Grundbesitz.

Das erste Dampfschiff Deutschlands läuft **1816** in der Pichelsdorfer Werft vom Stapel: ein 41 Meter langer Mittelraddampfer.

Berlins erste Bahnlinie führt **1838** nach Potsdam. Der erste Bahnhof steht am Potsdamer Platz.

1847 werden Menschen erstmals vor einer OP narkotisiert — vom Chirurgen Johann Friedrich Dieffenbach.

1856: Das erste Berliner Wasserwerk entsteht am Stralauer Tor.

Das erste Telegrafenamt eröffnet **1864**.

1865: Die Pferdebahn zwischen Brandenburger Tor und Charlottenburg startet. **1881** folgt die erste elektrische Bahn.

1873 bekommt Berlin eine Kanalisation. Das Abwasser wird auf Rieselfeldern versprüht.

1881: Erstes Telefonnetz mit weniger als 50 Anschlüssen. Gespräche werden nur tagsüber vermittelt.

Die Centralstation Markgrafenstraße ist **1884** das erste öffentliche Kraftwerk. Anfangs wird noch Gleichstrom hergestellt.

1894 eröffnet in Kreuzberg das erste Großkaufhaus der Firma Wertheim. Die Waren haben feste Preise und liegen frei aus.

1895: Das Kino-Zeitalter beginnt. Im Premierenfilm boxt ein Mann gegen ein Känguru.

WIRTSCHAFT & ARBEIT

So viel Veränderung wie heute, das gab es doch noch nie! So etwas hört man oft. Aber war der Wandel, den die Menschen vor 100 oder 150 Jahren erlebten, nicht viel umfassender — politisch und gesellschaftlich natürlich, aber auch technologisch?

Damals passierte jedenfalls viel in der Zeitspanne eines Berliner Lebens: Wer als Kind nur Kutschen kannte, sah später Eisenbahnen, Trams und sogar Autos kommen. Wer damit aufgewachsen war, dass man das Wasser vom Brunnen holen und Nachttöpfe in den Rinnstein ausleeren musste, hatte am Lebensende oft schon fließend Wasser und eine Zentralheizung. Die Medizin machte Fortschritte, der Handel probierte Neues, die Unterhaltungselektronik entstand. Und vieles gab es zuallererst hier, in Berlin.

Oft mussten sich die Marktregeln erst zurechtruckeln: Bahn- und Tramlinien etwa wurden nicht zentral geplant, sondern in Konkurrenz zueinander — was ein Gewirr aus Angeboten brachte. Und wer die ersten Radios nutzen wollte, musste sich das Zuhören genehmigen lassen und teuer bezahlen. Vieles verschwand auch wieder, etwa Fernsehstuben, Telegrafenämter und Internetcafés.

Klar ist auch, der Wandel geht weiter. Nächste Stufe: Autonome Fahrzeuge, vernetzte Küchengeräte und intelligente Roboter.

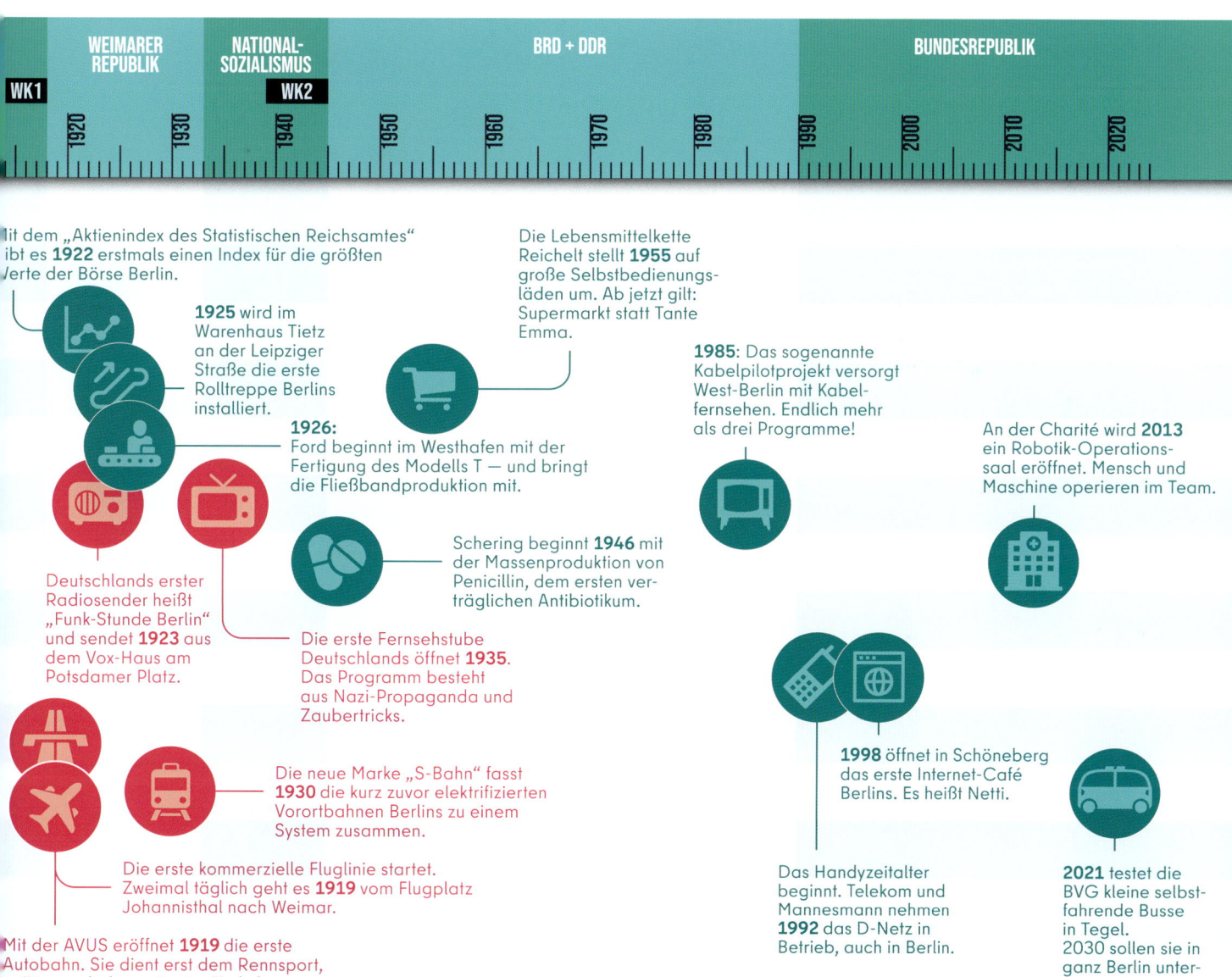

Mit dem „Aktienindex des Statistischen Reichsamtes" gibt es **1922** erstmals einen Index für die größten Werte der Börse Berlin.

1925 wird im Warenhaus Tietz an der Leipziger Straße die erste Rolltreppe Berlins installiert.

1926: Ford beginnt im Westhafen mit der Fertigung des Modells T — und bringt die Fließbandproduktion mit.

Deutschlands erster Radiosender heißt „Funk-Stunde Berlin" und sendet **1923** aus dem Vox-Haus am Potsdamer Platz.

Die erste Fernsehstube Deutschlands öffnet **1935**. Das Programm besteht aus Nazi-Propaganda und Zaubertricks.

Die neue Marke „S-Bahn" fasst **1930** die kurz zuvor elektrifizierten Vorortbahnen Berlins zu einem System zusammen.

Die erste kommerzielle Fluglinie startet. Zweimal täglich geht es **1919** vom Flugplatz Johannisthal nach Weimar.

Mit der AVUS eröffnet **1919** die erste Autobahn. Sie dient erst dem Rennsport, später auch dem privaten Verkehr.

Die Lebensmittelkette Reichelt stellt **1955** auf große Selbstbedienungsläden um. Ab jetzt gilt: Supermarkt statt Tante Emma.

Schering beginnt **1946** mit der Massenproduktion von Penicillin, dem ersten verträglichen Antibiotikum.

1985: Das sogenannte Kabelpilotprojekt versorgt West-Berlin mit Kabelfernsehen. Endlich mehr als drei Programme!

Das Handyzeitalter beginnt. Telekom und Mannesmann nehmen **1992** das D-Netz in Betrieb, auch in Berlin.

1998 öffnet in Schöneberg das erste Internet-Café Berlins. Es heißt Netti.

An der Charité wird **2013** ein Robotik-Operationssaal eröffnet. Mensch und Maschine operieren im Team.

2021 testet die BVG kleine selbstfahrende Busse in Tegel. 2030 sollen sie in ganz Berlin unterwegs sein.

GASTRONOMIE

GLOBALE KÜCHE

Eigentlich gibt es im Datenjournalismus die ungeschriebene Regel, dass man nicht jammern soll, wie schwierig die Datensuche war. Zumindest nicht laut. Aber hier sei es vielleicht doch einmal erlaubt: Das Vorhaben, Hunderte Berliner Restaurants nach der Nationalität ihrer Küche zu kategorisieren, war tatsächlich überraschend kompliziert.

Da ist die Sache mit den asiatischen Restaurants: Es wäre ja schön, diese in vietnamesische, thailändische und chinesische Küche unterteilen zu können. Aber oft geht das nicht, weil einfach „Asia" dransteht — mutmaßlich, um die unkundigen Deutschen nicht zu überfordern. (Was einen zu der Frage bringt, ob es in Bangkok oder Hanoi wohl auch unspezifische „Europa"-Restaurants gibt.) Und ist jedes Restaurant, das sich nicht explizit einer Nationalität verschreibt, automatisch eins mit deutscher Küche? (Unsere Entscheidung: Wir sprechen lieber von „ohne Nationalität".) Und ist jeder Pizza-Laden eigentlich italienisch? (Schwierig. Aber ja.) Und ist jedes Steakhouse argentinisch? (Nein.) Und sind Imbisse nicht auch irgendwie Restaurants? (Nein.)

Kann die Auswertung nach so vielen komplizierten Kompromissen noch interessant sein? (Ja!)

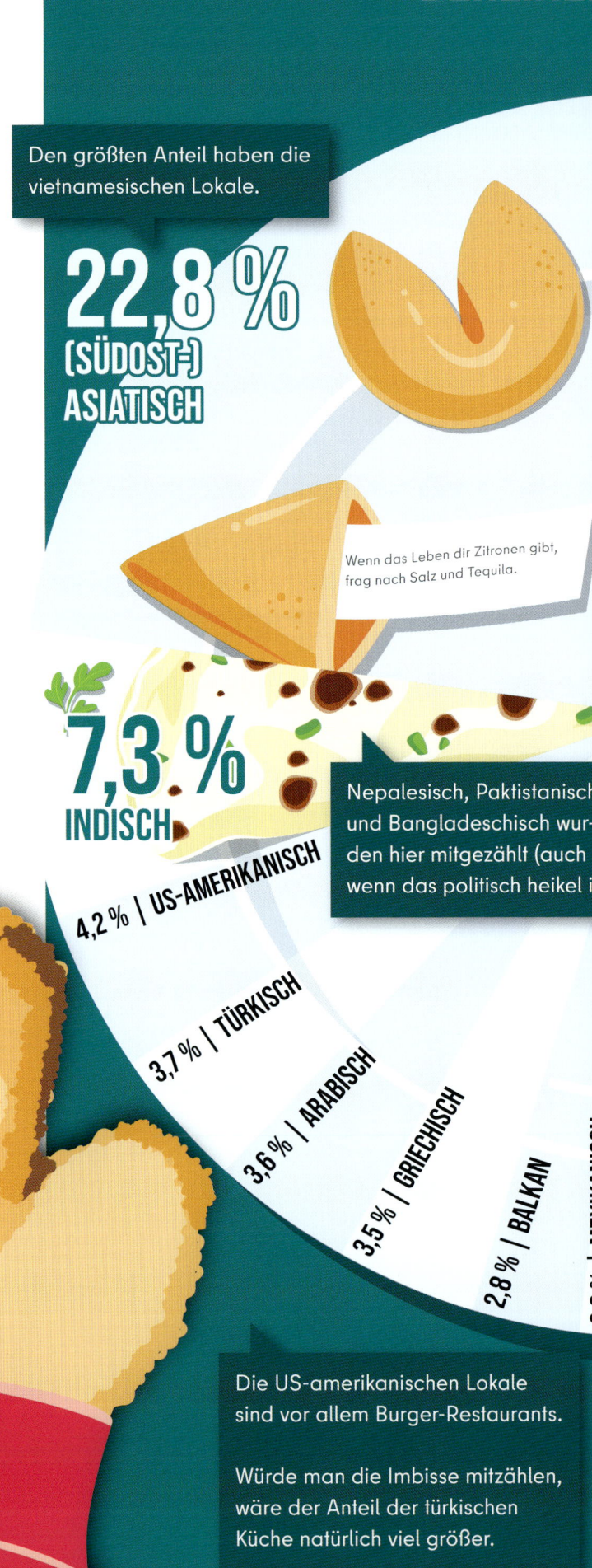

BERLINER

Den größten Anteil haben die vietnamesischen Lokale.

22,8 %
(SÜDOST-) ASIATISCH

Wenn das Leben dir Zitronen gibt, frag nach Salz und Tequila.

7,3 %
INDISCH

Nepalesisch, Paktistanisch und Bangladeschisch wurden hier mitgezählt (auch wenn das politisch heikel is

4,2 % | US-AMERIKANISCH
3,7 % | TÜRKISCH
3,6 % | ARABISCH
3,5 % | GRIECHISCH
2,8 % | BALKAN

Die US-amerikanischen Lokale sind vor allem Burger-Restaurants.

Würde man die Imbisse mitzählen, wäre der Anteil der türkischen Küche natürlich viel größer.

RESTAURANTS
Anteil nach Nationalität der Küche

Bayerisch und Schwäbisch werden gelegentlich extra hervorgehoben, andere regionale Küchen kaum.

22,0 %
DEUTSCH/OHNE NATIONALITÄT

Den höchsten Anteil hat die italienische Küche in Spandau und Steglitz-Zehlendorf.

20,6 %
ITALIENISCH

7,6 % SONSTIGE

Ungefähr 1 % aller Restaurants kochen ausschließlich vegetarisch oder vegan. Diese befinden sich vor allem in Mitte, Pankow und Friedrichshain-Kreuzberg.

4,4 STERNE IM SCHNITT
Berliner Restaurants: Google-Bewertung, in Prozent

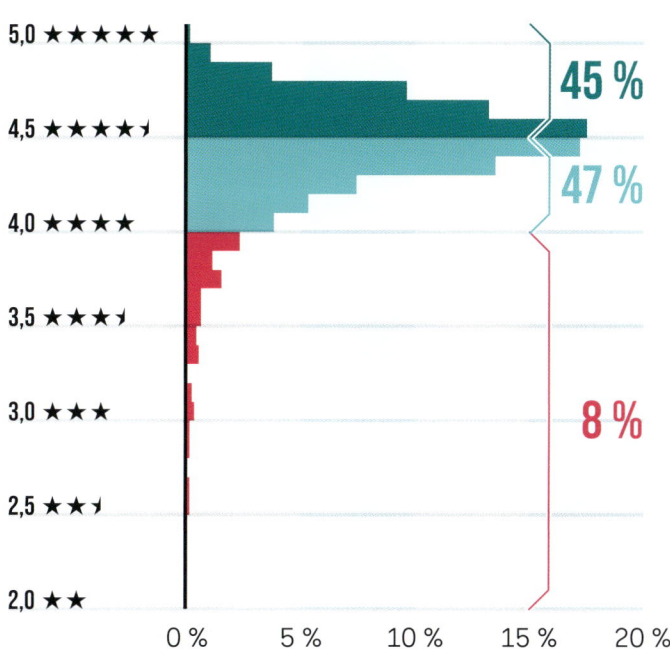

45 %
47 %
8 %

PREISKATEGORIEN
Aufteilung in Prozent

€	26,0 %
€€	71,1 %
€€€	2,5 %
€€€€	0,4 %

Werden teurere Restaurants im Schnitt besser bewertet? Ja, aber der Unterschied ist minimal.

KÜNSTLICHE INTELLIGENZ

ZENTRUM FÜR SCHLAUE TECHNIK

Wir haben den Vorspann von einem KI-Chatbot schreiben lassen. Aber wir sind ein bisschen unzufrieden.

Berlin hat sich in den letzten Jahren als *bedeutender* [größter!] Standort für die Künstliche-Intelligenz-(KI)-Branche in Deutschland etabliert. Die Stadt zieht talentierte Fachkräfte aus der ganzen Welt an und beherbergt eine dynamische Start-up-Szene, die *innovative* KI-Lösungen vorantreibt. Trotzdem ist die Berliner KI-Branche im Vergleich zu anderen Metropolen noch vergleichsweise klein.

Die deutsche Hauptstadt gilt zweifellos als ein Zentrum für Technologie und *Innovation* [Pfft, dieser Begriff kommt echt zu oft vor!], und die KI-Branche hat hier eine wichtige Rolle eingenommen. Start-ups und etablierte Unternehmen nutzen das kreative Umfeld und die Verfügbarkeit von Fachkräften, um neue KI-Anwendungen zu entwickeln. Berlin hat sich einen Ruf als Ort erworben, an dem *Ideen blühen* [Schräge Metapher, Ideen können nicht blühen!] und *Innovationen* gedeihen können.

Dennoch bleibt die KI-Branche in Berlin *hinter anderen Metropolen* [Steht oben schon!] wie London, New York und Silicon Valley zurück. Diese *Städte* [Silicon Valley ist keine Stadt!] haben eine größere Anzahl von jungen KI-Unternehmen, eine reichere Investitionslandschaft und eine breitere Palette von Forschungs- und Entwicklungsmöglichkeiten. Der Grund für die relative *Kleinheit* [Das Wort benutzt niemand!] der Berliner KI-Branche *liegt unter anderem darin* [Ey, der Text sollte doch 1.200 Anschläge haben und genau da enden!]

In Prenzlauer Berg gibt es einen Supermarkt, in dem intelligente Kameras erfassen, was Kund|innen in ihren Korb legen. Abgerechnet wird automatisch — ohne Kasse.

Die Charité setzt in der Krebstherapie ein Bestrahlungsgerät ein, das den Tumor selbst aufspürt und beschießt und so weniger gesundes Gewebe zerstört.

Die AOK Nordost hat ihren Posteingang mit KI automatisiert. Alle Briefe, die die Versicherten hinschicken, werden so sortiert, zugeordnet und weitergeleitet.

ZAHL DER KI-START-UPS
2024

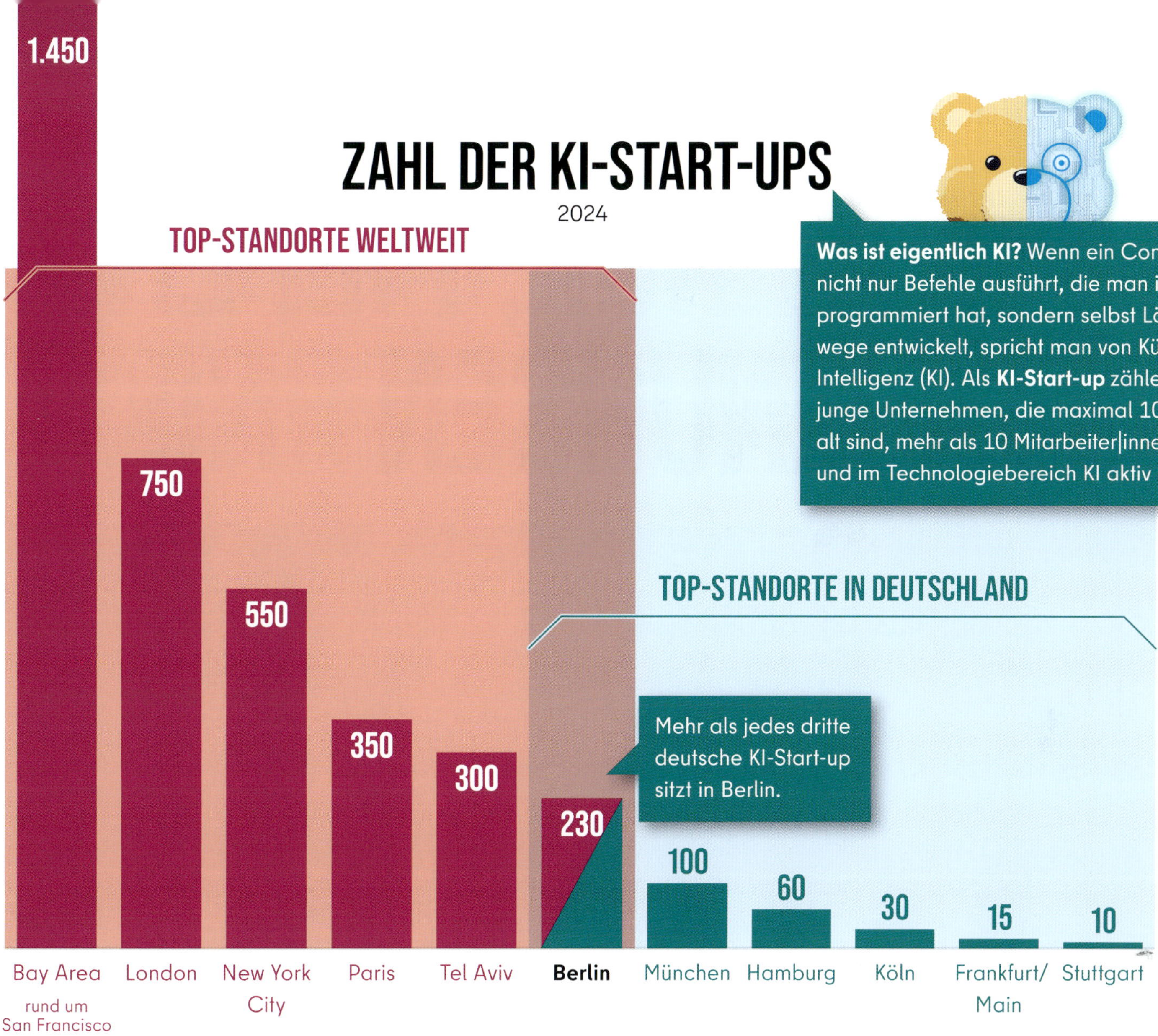

TOP-STANDORTE WELTWEIT

- Bay Area (rund um San Francisco): 1.450
- London: 750
- New York City: 550
- Paris: 350
- Tel Aviv: 300
- Berlin: 230

TOP-STANDORTE IN DEUTSCHLAND

- Berlin: 230
- München: 100
- Hamburg: 60
- Köln: 30
- Frankfurt/Main: 15
- Stuttgart: 10

Was ist eigentlich KI? Wenn ein Computer nicht nur Befehle ausführt, die man ihm einprogrammiert hat, sondern selbst Lösungswege entwickelt, spricht man von Künstlicher Intelligenz (KI). Als **KI-Start-up** zählen wir junge Unternehmen, die maximal 10 Jahre alt sind, mehr als 10 Mitarbeiter|innen haben und im Technologiebereich KI aktiv sind.

Mehr als jedes dritte deutsche KI-Start-up sitzt in Berlin.

BERLINER KI-START-UPS
Anteil nach Branchen

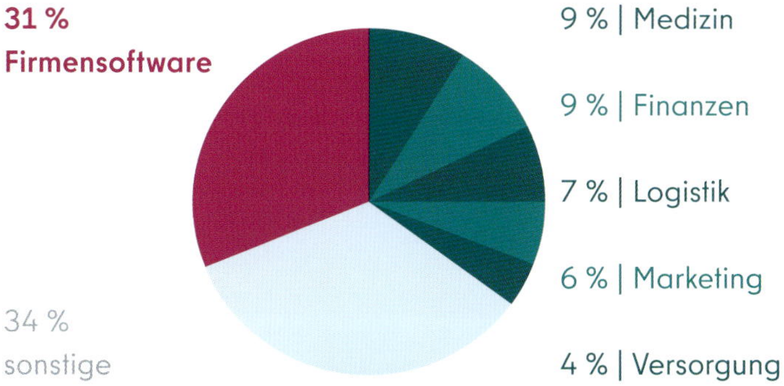

- 31 % Firmensoftware
- 9 % | Medizin
- 9 % | Finanzen
- 7 % | Logistik
- 6 % | Marketing
- 4 % | Versorgung
- 34 % sonstige

Die Hälfte aller Berliner KI-Start-ups hat ihren Sitz innerhalb dieses Rechtecks.

Bf Gesundbrunnen · Hauptbahnhof · Ostbahnhof · Bf Südkreuz

Einige große Berliner Hotels haben Chatbots in ihre Webseiten eingebaut, die Fragen beantworten und bei der Zimmerbuchung helfen.

In den Leitstellen der Berliner S-Bahn verhindert ein KI-System Verspätungen, indem es Staus auf den Schienen voraussieht und Fahrpläne anpasst.

Berlinerisch sprechen, obwohl man es nicht kann? Auch dafür gibt es inzwischen KI-gestützte Übersetzer. Die machen aber in erster Linie aus jedem G ein J...

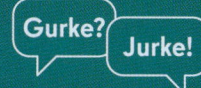
Gurke? Jurke!

BERLINS WÄHRUNGEN
PIMPALINGE, PIEPEN UND PENUNSEN

12. BIS 14. JAHRHUNDERT
BRANDENBURGISCHER PFENNIG

Stückelung: Geprägt werden einzig und allein 1-Pfennig-Münzen aus Silber. Diese brechen die Leute allerdings per Hand in Hälften oder Viertel.

Das Geld wird regelmäßig für ungültig erklärt und muss zu schlechten Kursen in neues getauscht werden — ein Konzept, das später Freigeld heißt. Es beschert den Markgrafen schöne Gewinne.

16. BIS 19. JAHRHUNDERT
TALER

Eine Talermünze muss eine bestimmte Menge Silber enthalten und gilt im ganzen Heiligen Römischen Reich. Die Kleinmünzen sind aber überall unterschiedlich.

Untereinheiten in Preußen:
Ab 1750: 1 Taler = 24 Gute Groschen = 288 Pfennige
Ab 1821: 1 Taler = 30 Silbergroschen = 360 Pfennige

Ab dem 19. Jahrhundert gibt es auch Scheine. Und seltsame Münzen, z. B. zu 3 Pfennig, 2½ Groschen oder ⅙ Taler.
Kaufkraft: 1 Taler (im Jahr 1810) = 50 € (heute)

1945–1948
ZIGARETTEN

Das Hitler-Regime finanziert seine Feldzüge mit ungedeckten Wechseln und bläht so die Geldmenge auf. Nach Kriegsende gibt es zu wenige Waren und zu viel wertlose Reichsmark. Es entsteht eine Tauschwirtschaft mit Naturalien — meist Zigaretten.

10 Zigaretten ≈ 1 Brot
≈ 20 g Butter

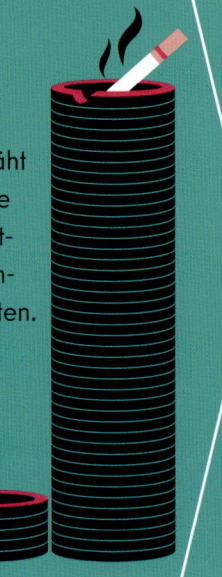

1948–2001
D-MARK

Gleich ein anderes Gewicht: Während eine ostdeutsche 1-Mark-Münze aus Alu nur 2,5 Gramm wiegt, bringt es das westdeutsche Markstück auf 5,5 Gramm. Wertvoll ist das Material (eine Kupfer-Nickel-Legierung) aber auch nicht.

Wechselkurs:
1 US-Dollar = 4,20 DM (1960)
1 US-Dollar = 1,80 DM (1980)

Wie nennt man in Berlin ein Fünf-Cent-Stück? „Sechser" natürlich! Und das kam so: Als das Land noch Preußen hieß, bestand ein Groschen aus zwölf Pfennigen. Ein Sechser war also ein halber Groschen. Dieser Name blieb einfach bestehen, als das Kaiserreich kam — und die Mark und das Dezimalsystem. Ab da bestand ein Groschen aus zehn Pfennigen und ein halber aus fünf. Tatsächlich mussten sich die Menschen in Berlin in der Geschichte immer wieder an neue Währungen gewöhnen. Im Mittelalter und danach entsprach der Wert des Geldes dem des verwendeten Edelmetalls. Diese sogenannten Kurantmünzen wurden später abgelöst von den Scheidemünzen, deren Metall billiger war als der aufgedruckte Wert. Lange stützte der Staat das Vertrauen in das Geld mit dem Versprechen, es zu festen Kursen in Gold — oder auch Immobilien — einzutauschen. Doch auch das ist vorbei. Heute basiert der Wert des Geldes nur auf dem Vertrauen, dass es etwas dafür zu kaufen gibt.

Eins hat sich seit 1750 nicht geändert: Die in Berlin geprägten Münzen erkennt man am aufgedruckten „A". Der Ausstoß ist beachtlich: Zuletzt wurden hier rund 20 Millionen Zwei-Euro-Münzen pro Jahr hergestellt.

AB 1871
MARK

Deutschland ist geeint und hat eine neue Währung.
1 Mark ist rund ⅓ Gramm Gold wert.
Fast ein Jahrhundert später als in Frankreich und Amerika gilt auch in Deutschland das Dezimalsystem:
1 Mark = 100 Pfennig.

1,00

Kaufkraft: 1 Mark (im Jahr 1900) = 8 Euro (heute)

AB 1924
REICHSMARK

Ein Jahr zuvor, 1923, gipfelt der Wertverfall der alten Mark in der Hyperinflation. Die neue Währung, die erst mit Immobilien und später mit Gold gedeckt wird, setzt dem ein Ende.

Einführungskurs: 1 Reichsmark = 1.000.000.000.000 Mark

Im Dezimalsystem sind Münzwerte meist glatte Teiler der nächsten 10er-Potenz. Bei der Reichsmark gibt es aber auch 4-Pfennig- und 3-Mark-Münzen.

1948–1990
MARK (DER DDR)

Billiger Grundbedarf, teurer Rest: 1982 muss man im Osten im Schnitt nur 6 Minuten arbeiten, um sich ein Brot leisten zu können, im Westen dagegen 13. Anders beim Kauf eines Kühlschranks: Im Osten sind es 300 Stunden Arbeit, im Westen nur 40.

Wechselkurs: Offiziell gilt ein Wechselkurs von 1:1 zur D-Mark, real sind es aber eher 1:4.

SEIT 2002
EURO

Trotz allem stabil: In der Zeit der D-Mark haben sich die Preise in Deutschland (und Berlin) alle 25 Jahre verdoppelt. Der Euro wird dafür — nach aktuellen Prognosen — etwa 34 Jahre brauchen, also bis 2036.

Alte D-Mark-Münzen und -Scheine können auch heute noch in Euro umgetauscht werden, alte Ost-Mark-Bestände aber nicht.

Wechselkurs:
Grob gerechnet gilt heute
1 Euro ≈ 1 US-Dollar ≈ 1 Pfund ≈ 1 Franken

HOTELÜBERNACHTUNGEN

BOOM-TOWN FÜR TOURISTIK

Es ist noch kein Stau, was sich an Sommertagen auf der Spree abspielt, aber durchaus zähfließender Verkehr. In einer langen Kette tuckern die Dampfer durch das Regierungsviertel, allesamt voll besetzt. Bei den bunten Sightseeing-Bussen sieht es ähnlich aus.

Berlin galt immer als Geheimtipp für Kurzreisen, auch zu Zeiten der Teilung — die raue Frontstadt, ummauert und trotzdem frei, mit dem rätselhaften Osten nur eine S-Bahn-Fahrt entfernt. Trotzdem waren die fünf Millionen Übernachtungen pro Jahr, die die Berliner Unterkünfte in den 80ern verzeichneten, nichts im Vergleich zu den rund 30 Millionen, die heute üblich sind (wenn nicht gerade eine Pandemie grassiert). Doch es ist nicht nur der private Ferienverkehr: Seit Regierung und Parlament 1999 zurückgekommen sind, ist die Stadt zum Hauptziel für Dienstreisen geworden.

Das Gastgewerbe wurde zur regelrechten Boombranche. Ihre Wertschöpfung ist in den 2010er Jahren eineinhalbmal schneller gewachsen als die der Berliner Wirtschaft insgesamt. In Summe gibt es heute mehr als 60.000 Beschäftigte in diesem Sektor, rund 15.000 davon in den Hotels. Die werden übrigens immer größer: Lag der Durchschnitt vor 50 Jahren noch bei 40 Betten, so sind es heute 200.

3,5 MIO. HOTELÜBERNACHTUNGEN IN BERLIN

21 % AUSLÄNDISCHE GÄSTE

GROSSER AUFSCHWUNG NACH DER JAHRTAUSENDWENDE

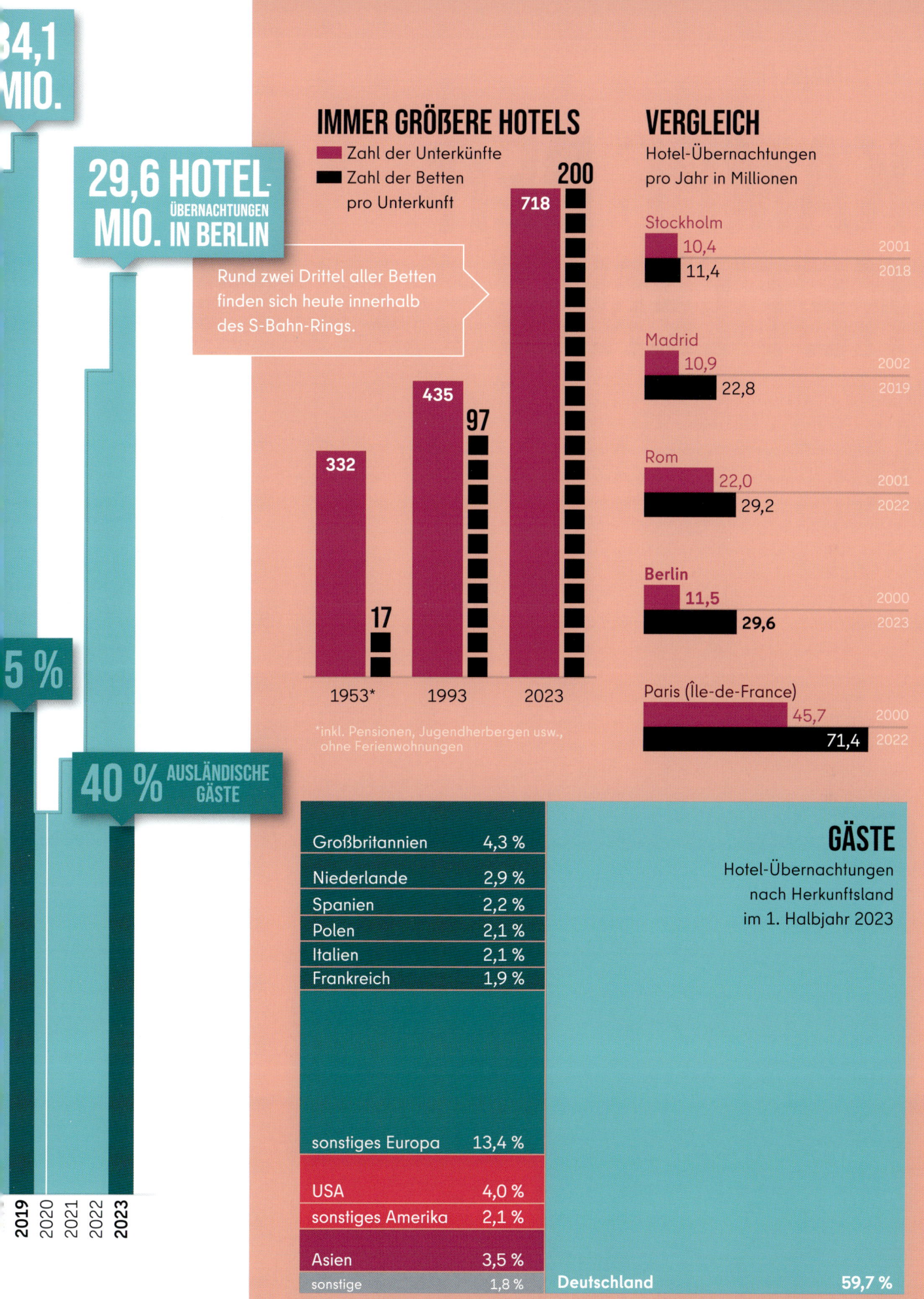

SUPERMÄRKTE

KAMPF DER KETTEN

Heute sind sie alle verschwunden, die stolzen Berliner Supermarktketten, die es fast nur hier gab: Bolle zum Beispiel, Meyer Beck oder Reichelt. Sie alle waren rund um die Jahrtausendwende zu klein, um allein im hart umkämpften Lebensmittelmarkt bestehen zu können. 2017 mussten auch die Kaiser's-Märkte bei der Konkurrenz unterschlüpfen. Sie kamen entweder zu Edeka oder zu Rewe, den beiden Konzernen, die sich seither die Supermarktwelt unter sich aufteilen, nicht nur in Berlin, sondern in ganz Deutschland.

Hart umkämpft ist der Markt für Lebensmittel trotzdem. Denn von der einen Seite spüren die Vollsortimenter, wie sie so schön heißen, den Druck der Biomärkte, die vor allem in der Mitte Berlins sowie im Westen und Südwesten Fuß gefasst haben. Und von der anderen Seite drücken die günstigen Discounter, auf die gerade im Osten der Stadt mehr als die Hälfte aller Supermärkte entfallen.

Natürlich wird nicht nur bei den Ketten eingekauft. Schließlich gibt es noch die vielen Lebensmittelgeschäfte der türkischen und arabischen Community, die — in Anlehnung an die Tante-Emma-Läden — gerne Onkel-Ahmet-Läden genannt werden. Hinzu kommen noch rund 1.000 Spätis — und Dutzende Wochenmärkte.

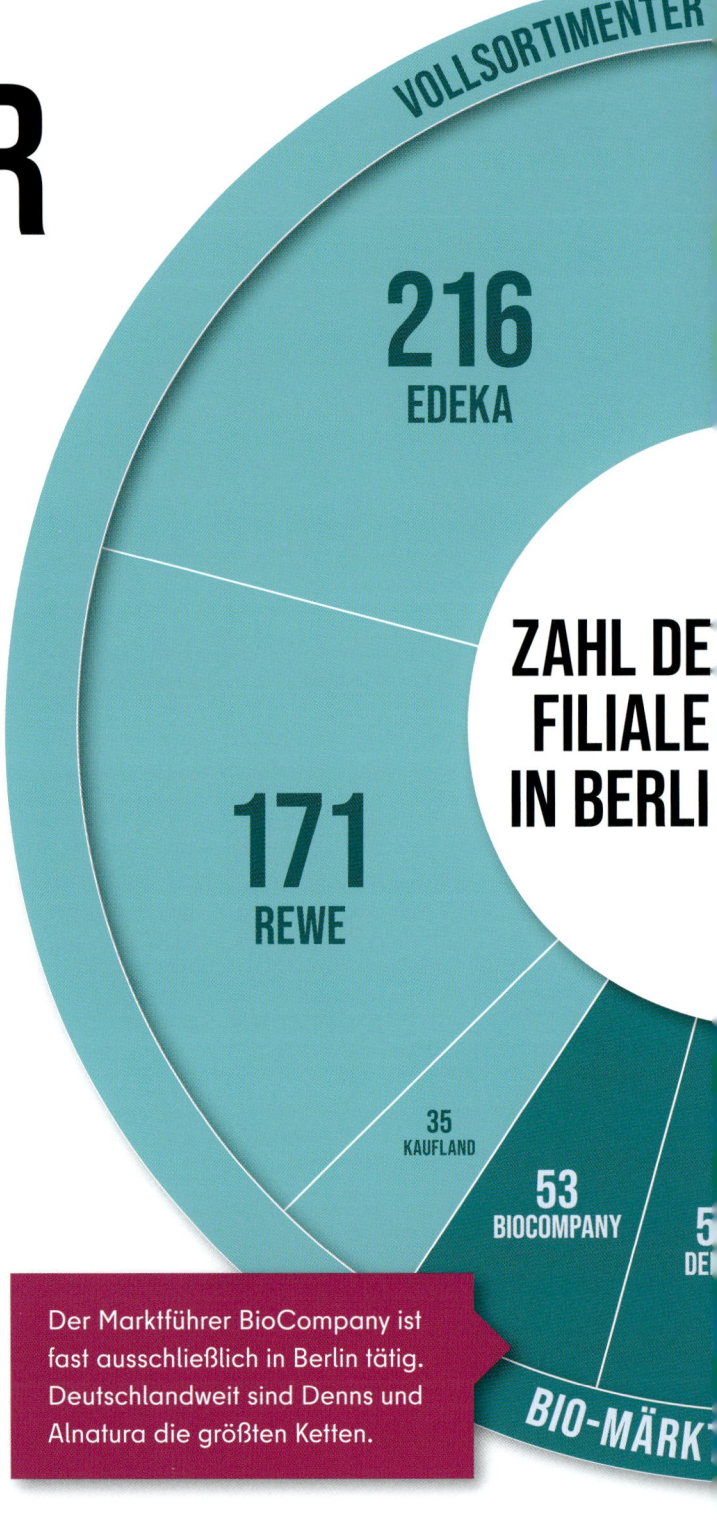

Der Marktführer BioCompany ist fast ausschließlich in Berlin tätig. Deutschlandweit sind Denns und Alnatura die größten Ketten.

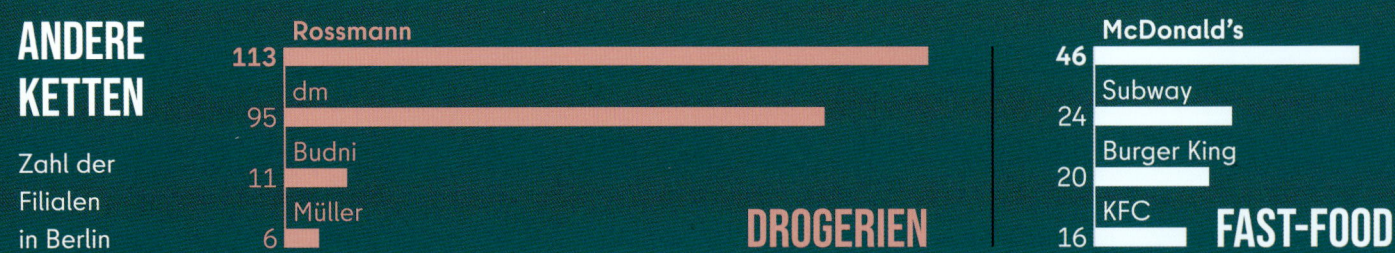

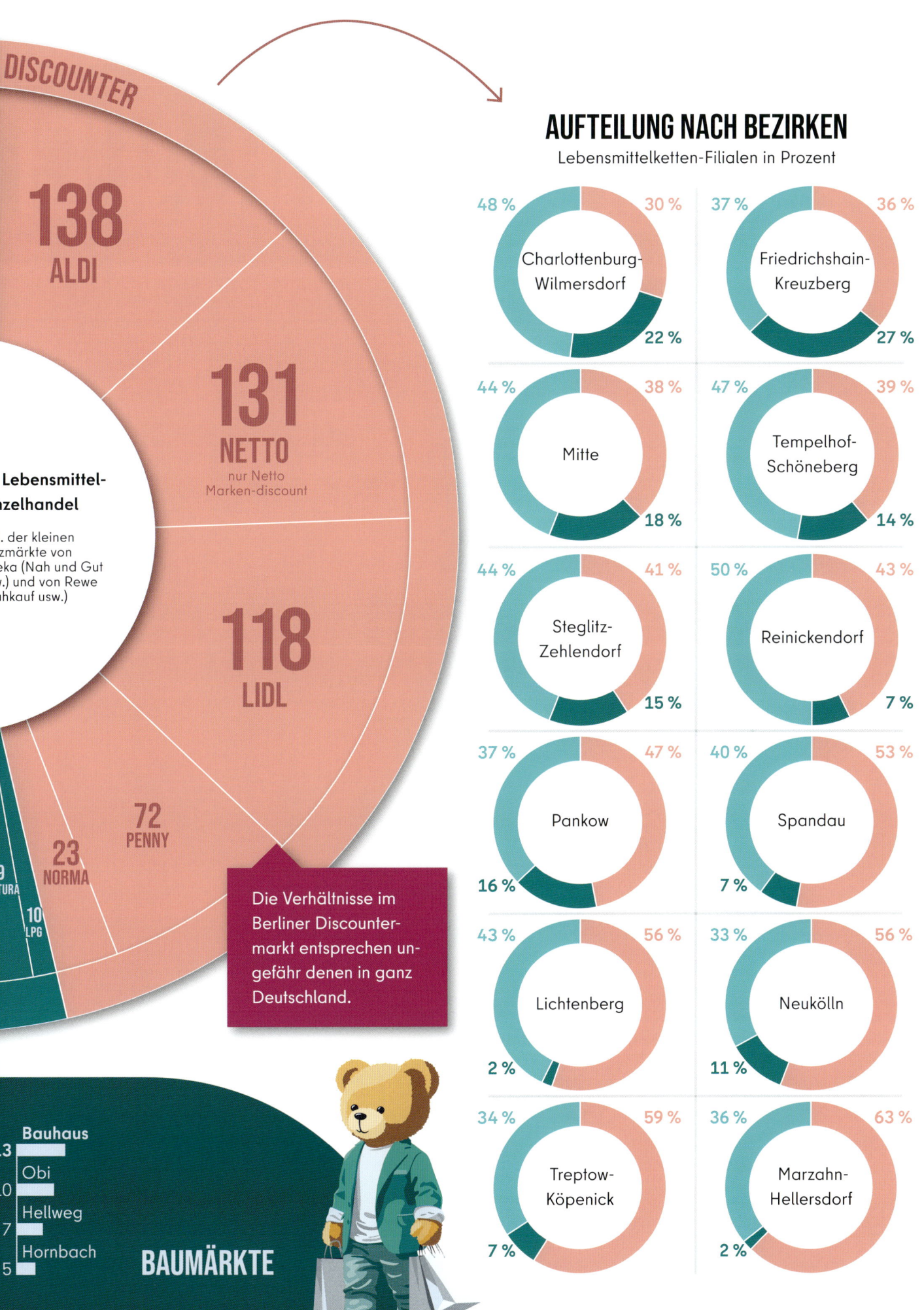

WIRTSCHAFT & ARBEIT: DIES UND DAS

DAS FANDEN WIR AUCH

Eine Genehmigung für das **MUSIZIEREN** in U-Bahn-Stationen kostet in Berlin **10 €/TAG**. Blechblasinstrumente sind verboten. Explizit erlaubt sind — unter anderem — Harfen, Didgeridoos und Bratschen.

Ausbildung ist out: Im Jahr 2000 gab es in Berlin noch **63.000 AUSZUBILDENDE.** Inzwischen sind es nur noch **35.000**.

Heute arbeiten gerade einmal **6 %** DER ERWERBSTÄTIGEN in Berlin in der Industrie.

  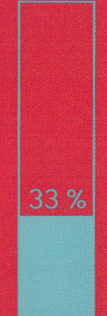 

Heute — 2000: 11 % — 1980: 33 % — 1960: 39 %

Einige Firmen haben es geschafft, dass ganze Stadtteile nach ihnen benannt sind, etwa die ehemaligen Werkssiedlungen Borsigwalde (Industriekonzern Borsig) und Spindlersfeld (Färberei W. Spindler). Am bekanntesten ist **SIEMENSSTADT, WO EINST 7.000 BESCHÄFTIGTE** von Siemens & Halske lebten.

Der beste Monat für die Berliner Gastronomie? Das ist immer der September, wenn das Wetter noch gut ist und fast alle aus dem Urlaub zurück sind. Der Umsatz ist dann **RUND 50 % HÖHER** als im Januar, dem schwächsten Monat.

NOCH INTERESSANT

Die Preise für Eigentumswohnungen haben sich in Berlin zuletzt fast

ALLE 10 JAHRE VERDOPPELT,

die für Lebensmittel alle 25 Jahre und die für andere Dinge des täglichen Gebrauchs ungefähr alle 35 Jahre.

Gerade einmal

2 DER 30

größten Arbeitgeber in Deutschland haben ihren Hauptsitz in Berlin.
(Wenn man neben der Deutschen Bahn auch den Siemens-Konzern mitzählt, der aber eigentlich seit der Nachkriegszeit in München residiert.)

RUND
8.000 TONNEN LEBENSMITTEL

spenden Supermärkte, Bäckereien, Restaurants und andere Betriebe pro Jahr an die Berliner Tafel. Der Verein betreibt gut 50 Ausgabestellen für bedürftige Menschen.

Die Wilmersdorfer Straße in Charlottenburg, die Spandauer Altstadt, das Zentrum von Tegel — natürlich gibt es in Berlin ein paar kleinere Fußgängerzonen. Doch eine zentrale, große Einkaufsstraße ohne Autos? Fehlanzeige. Tatsächlich sind nur rund

ALLE 3 MIN.

erschaffen die Menschen in Berlin mit ihrer Arbeit
1 MIO. €
an zusätzlicher Wirtschaftsleistung (Bruttoinlandsprodukt). Das ist der Mittelwert, selbstverständlich geht es wochentags und tagsüber schneller und am Wochenende und nachts langsamer.

1 %
ALLER STRASSEN AUTOFREI.

In anderen Großstädten sind es bis zu 5 %.

WER HAT'S VERBROCHEN?

DATEN & TEXTE
Das machte der Hans.

Hans Christian Müller, Jahrgang 1984, ist studierter Journalist und promovierter Volkswirt. Sein Faible für irre Statistiken konnte er lange Jahre beim Handelsblatt ausleben — als zuständiger Redakteur für die „Grafik des Tages". Heute arbeitet er als Ökonom und Autor. Wie so viele stammt er nicht aus Berlin, hat sich hier aber gut eingerichtet.

LAYOUT & ILLUS
JP war's.

Jean-Philippe Ili, Jahrgang 1984, ist Creative Director für Markengestaltung und Infografik. Er leitete einige Jahre die Grafikabteilung des Handelsblatts. Heute ist er bei einem führenden Streamingdienst für die europäische Marketingproduktion zuständig und führt parallel ein kleines Kreativgewerbe in Amsterdam, mit dem er Unternehmen in Sachen Kreativität und Nachhaltigkeit unterstützt.

QUELLENVERZEICHNIS

S. 8   S-Bahn Berlin + Wikipedia + eigene Recherchen

S. 10 Google Maps + Stadt Berlin + Amt für Statistik Berlin-Brandenburg + Wikipedia + eigene Recherchen

S. 12 Amt für Statistik Berlin-Brandenburg + Statistische Jahrbücher + Stadt Berlin + Destatis + Bundesanstalt für Gewässerkunde + Umweltbundesamt + eigene Recherchen

S. 14 Medienrecherchen + Stadt Berlin + Wikipedia

S. 16 Amt für Statistik Berlin-Brandenburg + Destatis + Stadt Berlin + LUP + DDB

S. 18 BVG + S-Bahn Berlin + Openrailwaymap + Stadt Berlin + Wikipedia + eigene Recherchen

S. 20 Stadt Berlin + Deutscher Wetterdienst + eigene Berechnungen

S. 22 Wikipedia + Google Maps + RBB + eigene Recherchen

S. 24 Destatis + Kraftfahrtbundesamt + Bundesverkehrsministerium + Stadt Berlin + BAST + eigene Berechnungen

S. 26 Stadt Berlin + Abgeordnetenhaus + Wikipedia + Medienrecherchen

S. 28 Google Maps + BVG + Statistische Jahrbücher + Amt für Statistik Berlin-Brandenburg + berliner-linienchronik.de + berlinct.gov + telefonbuch.de + Destatis + Medienrecherchen

S. 32 Stadt Berlin + Nabu + BUND + Stiftung Naturschutz + Jagdverband + eigene Recherchen

S. 34 Deutscher Wetterdienst + eigene Recherchen

S. 36 DLR + Stadt Berlin + Amt für Statistik Berlin-Brandenburg + Bundesnetzagentur + Global Wind Atlas + BDEW

S. 38 Statistik Berlin-Brandenburg + Statistische Jahrbücher + Stadt Berlin + Bundesverband der Kleingartenvereine

S. 40 Berlinale + Academy of Motion Picture and Sciences + Wikipedia + Medienrecherchen

S. 42 Verbände + Vereine + eigene Recherchen

S. 44 Stadt Berlin + Wikipedia + eigene Recherchen

S. 46 Google + eigene Berechnungen

S. 48 Stadt Berlin + Regionalstatistik + Evangelischer Friedhofsverband Berlin Mitte + Wikipedia + eigene Recherchen

S. 50 fussball.de + europlan-online.de + Wikipedia + eigene Berechnungen

S. 52 Stadt Berlin + Google Maps + Amt für Statistik Berlin-Brandenburg + Institut für Museumsforschung + Destatis + shotinberlin.de + TU Berlin + Medienrecherchen

S. 56 Regionalstatistik + Amt für Statistik Berlin-Brandenburg + Destatis + Bundesagentur für Arbeit + eigene Recherchen

S. 58 BKA + LKA + Stadt Berlin + Statistische Jahrbücher + RKI + Berliner Feuerwehr

S. 60 Amt für Statistik Berlin-Brandenburg + Destatis + Eurostat

S. 62 Zentrum für Sozialforschung Halle + EKD + DFB + DSB + BPB + FU Berlin (Oskar Niedermayer) + dpa + eigene Berechnungen

S. 64 Stadt Berlin + Destatis + Amt für Statistik Berlin-Brandenburg + eigene Berechnungen

S. 66 Amt für Statistik Berlin-Brandenburg + Statistische Jahrbücher + Stadt Berlin + eigene Berechnungen

S. 68 KV Berlin + KBV + Destatis + Regionalstatistik + eigene Berechnungen

S. 70 Stadt Berlin + Destatis + gymnasium-berlin.net + eigene Recherchen

S. 72 Stadt Berlin + Wikipedia + Destatis + Amt für Statistik Berlin-Brandenburg + eigene Recherchen

S. 74 Stadt Berlin + Amt für Statistik Berlin-Brandenburg + VDP + Statistische Jahrbücher

S. 76 Stadt Berlin + Bezirksämter + Statistische Jahrbücher + Amt für Statistik Berlin-Brandenburg + Destatis

S. 80 Amt für Statistik Berlin-Brandenburg + Stadt Berlin + Wikipedia + UNO + Luisenstädtischer Bildungsverein + eigene Recherchen

S. 82 Viabundus-Projekt (Uni Göttingen) + Post-Handbuch für Berlin (1832) + fernbahn.de + Hendschel's Telegraph + fahrplanspiele.wordpress.com + historische Kursbücher + DR und DB + eisenbahnwelt.com + Medienrecherchen

S. 84 Statistische Jahrbücher + Destatis + Archiv der USAFE + eigene Recherchen

S. 86 Statistische Jahrbücher + Destatis + Amt für Statistik Berlin-Brandenburg + Stadt Berlin + eigene Recherchen

S. 88 Conflict Catalogue (Peter Brecke) + Peace Research Institute + Uppsala Conflict Data Program + eigene Recherchen

S. 90 Amt für Statistik Berlin-Brandenburg + Landeswahlleiter + Wikipedia + Abgeordnetenhaus + Medienrecherchen

S. 92 Stadt Berlin + Landeswahlleiter + eigene Recherchen

S. 94 Medienrecherchen + eigene Recherchen

S. 96 Stadt Berlin + Landeswahlleiter + Amt für Statistik Berlin-Brandenburg + Tagesspiegel + eigene Recherchen

S. 98 Stadt Berlin + Berliner Bezirke + Landeswahlleiter + Destatis + Bundestag + Abgeordnetenhaus + Europaparlament + Medienrecherchen

S. 100 Statistische Jahrbücher + Amt für Statistik Berlin-Brandenburg + eigene Recherchen

S. 104 Destatis + BMEL + KBA + Stadt Berlin + IQVIA + Amt für Statistik Berlin-Brandenburg + FNR + eigene Berechnungen

S. 106 Stadt Berlin + Google Maps + Spiegel + eigene Recherchen

S. 108 Eurostat + HESA + Office for National Statistics + Census.gov + Wikipedia + Deutsche Börse + Euronext + London Stock Exchange + Destatis + VGRDL + eigene Recherchen

S. 110 VGRDL + Destatis + Amt für Statistik Berlin-Brandenburg + Bundesagentur für Arbeit + eigene Berechnungen

S. 112 Medienrecherchen + eigene Recherchen

S. 114 Google Maps + Lieferando + Wikipedia + eigene Recherchen

S. 116 Applied AI Institute + EU-Startups.com + CB Insights + Crunchbase + Medienrecherchen

S. 118 Bundesbank + Destatis + Weltbank + IWF + Statistische Jahrbücher + Medienrecherchen

S. 120 Destatis + Amt für Statistik Berlin-Brandenburg + Statistische Jahrbücher + Eurostat + eigene Berechnungen

S. 122 Konzerne + Google Maps + meinprospekt.de + eigene Recherchen

S. 124 Destatis + Amt für Statistik Berlin-Brandenburg + VGRDL + BVG + vdp + Berliner Tafel + Holidu + Stadt Berlin + Statistische Jahrbücher + eigene Recherchen

Alle Angaben wurden stark gerundet. Falls nicht anders gekennzeichnet, wurden alle Umfrageergebnisse ohne „Weiß nicht" und „Keine Angabe" dargestellt.

Bibliografische Information der Deutschen Nationalbibliothek
Die Deutsche Nationalbibliothek verzeichnet diese Publikation in der
Deutschen Nationalbibliografie; detaillierte bibliografische Daten sind
im Internet über http://dnb.d-nb.de abrufbar.

Alle Rechte vorbehalten.
Dieses Werk, einschließlich aller seiner Teile, ist urheberrechtlich geschützt.
Jede Verwertung außerhalb der engen Grenzen des Urheberrechtsgesetzes ist
ohne Zustimmung des Verlages unzulässig und strafbar. Das gilt insbesondere
für Vervielfältigungen, Übersetzungen, Mikroverfilmungen, Verfilmungen und
die Einspeicherung und Verarbeitung auf DVDs, CD-ROMs, CDs, Videos, in
weiteren elektronischen Systemen sowie für Internet-Plattformen.

© 2024 BeBra Verlag GmbH
Asternplatz 3, 12203 Berlin
post@bebraverlag.de
Lektorat: Marijke Leege-Topp, Berlin
Umschlag: typegerecht berlin
Schriften: Berlin Type, Bebas Neue
Druck und Bindung: Finidr, Český Těšín
ISBN 978-3-8148-0304-3

WWW.BEBRAVERLAG.DE